# MÃYÃ

# MĀYĀ

## Verdaderamente falsa y falsamente verdadera

### JITA KRSNA DAS ADHIKARI

Basadas en las enseñanzas de Su Divina Gracia **A.C. *Bhaktivedanta Swami Srila Prabhupada y Srila Shidhar Maharaja.***

| Número de Control de la Biblioteca del Congreso de EE. UU.: | 2014921165 |
| ISBN: | | |
| | Tapa Dura | 978-1-4633-9684-8 |
| | Tapa Blanda | 978-1-4633-9683-1 |
| | Libro Electrónico | 978-1-4633-9682-4 |

Información de la imprenta disponible en la última página.

Fecha de revisión: 18/06/2015

**Para realizar pedidos de este libro, contacte con:**
Palibrio
1663 Liberty Drive
Suite 200
Bloomington, IN 47403
Gratis desde EE. UU. al 877.407.5847
Gratis desde México al 01.800.288.2243
Gratis desde España al 900.866.949
Desde otro país al +1.812.671.9757
Fax: 01.812.355.1576
ventas@palibrio.com
697929

# ÍNDICE

# Acerca del Autor

*Jita Krsna Das Adhikari*, no reclama fe de nadie, no se establece como autoridad, todo lo contrario, él lleva una vida sencilla con pensamiento elevado, por lo que no pretende constituirse en famoso, bondadoso, humilde, magnánimo... *Jita* apareció el año cuarenta y tres del siglo XX en un país llamado "México"; tuvo la fortuna de asistir a las escuelas: primaria, secundaria, preparatoria y profesional de la universidad nacional en la facultad de jurisprudencia. Inconforme por lo que estaba *aprendiendo*, pisó la facultad de filosofía en la que desistió por razones de ya conocer lo que allí enseñaban, sucediéndole lo mismo en la facultad de psicología, dado que él buscaba algo que no sabía qué era, al que le llamaba "trascendente". En su busca, inició su peregrinar por más de cincuenta años de tiempo completo dentro de las filosofías alemanas, inglesas, asiáticas, francesas, griegas, corrientes heterodoxas, ortodoxas, religiones de todo tipo, psicologías con su gran variedad de opiniones y conclusiones, corrientes "impersonalistas", etcétera. Terminando su peregrinar al darse cuenta del gravísimo error en que había caído: "Se estaba intelectualizando". Él *debería* buscar la verdad, pero, ¿dónde debiera buscarla?, ¿cómo la reconocería si la encontrara y quién era el buscador que buscaba?, ¿habría tiempo para buscar, existe el tiempo psicológico como factor de búsqueda? ¡Él es cómo un punto que tiene posición pero que carece de magnitud!

*HARE KRSNA*
jitakrsna@hotmail.com

*om ajñana-timirandhasya*
*jñanañjana-salakaya*
*catsur unmilitam yena*
*tasmai sri-gurave namah*

"Yo nací en la más oscura ignorancia, y mi **gurudeva**
me abrió los ojos con la antorcha del conocimiento.
A Él le ofrezco mis respetuosas reverencias

Antes que nada, por favor permítaseme ofrecer mis más humildes reverencias al polvo sagrado de Aquel que se ha constituido en mi alma y mi vida, esa gran personalidad que ha descendido del mundo espiritual con el único propósito de propagar la conciencia de **Krishna** y simultáneamente rescatar a las almas caídas de la presente Era [**Kali-yuga**] de riña e hipocresía. Me estoy refiriendo a mi **Gurudeva**, **Sri Guru** y Su Gracia **Srila Govinda Maharaja**, quien es actualmente el máximo exponente de la Filosofía de **Sri Krishna Caitanya Mahaprabhu** en este mundo.

**Sri Krishna** es la Suprema Personalidad de Dios. Él advino al mundo hace apenas 522 años. Cuando América era descubierta como un nuevo continente, en la India, en **Navadvip-Bengala** occidental, se manifestaba el movimiento científico-religioso más poderoso, que jamás haya existido en la historia de todos los tiempos: El movimiento de **Sankirtana** de **Sri Caitanya Mahaprabhu**, la encarnación más magnanima, y munífica de **Krishna.**

También suplico se me conceda permiso para ofrecer mis más humildes reverencias a esa otra gran personalidad [mi **Guru** instructor] Su Divina gracia A.C. **Bhaktivedanta Swami Srila Prabhupada.** Quien por su misericordia sin causa trajo a Occidente el conocimiento **Védico**, las enseñanzas de **Sri Krishna**, La Suprema y Trascendental Personalidad de Dios.

Debo también ofrecer con toda la humildad mis reverencias más respetuosas, así como mi eterno agradecimiento a mi más íntimo asociado y amigo, gran devoto de **Krishna**, por su invaluable ayuda que he recibido en todo momento tanto espiritual, física y económicamente.

Gracias a este gran devoto de *Krishna*, que yo he podido llegar a los pies de loto de **Srila Sridhar Govinda Maharaja**; mi padre eterno, y que se me ha permitido agradecer al quien me brindó todo su apoyo incondicionalmente en todo momento, cuyo único interés era disipar la oscuridad de la ignorancia en que me encontraba y así comenzar a apreciar y entender esta Ciencia Trascendental, que es la Ciencia de la Conciencia de *Krishna*. Me estoy refiriendo a este gran renunciante y gran seguidor de **Sri Krishna Caitanya Mahaprabhu, Vraja-vasi Das'a A.**

*Jita Krsna Das A.*

# INTRODUCCIÓN

Dentro de El *Srimd-Bhagavatam* (conocido también como El *Bhagavad-Purana*, ya que pertenece a uno de los 18 *Puranas*=historias que sucedieron hace miles de años atrás), se encuentran registrados los pasatiempos de *Krishna* cuando estuvo en este planeta. Dentro de los innumerables pasatiempos de *Krishna*, existe un hermoso relato trascendental que recoge un concepto de profunda reigambre *védica* que lo vierte en forma clara y brillante, que resulta útil, pues los conceptos abstractos como el que encierra este vocablo de *māyā*, suelen ser fácilmente aprehensibles, a través de sencillos ejemplos prácticos. El pasatiempo es el siguiente:

En un extenso valle del sagrado *Ganges*, tenía su reino *Ravana*, un poderoso rey, *Ravana* era padre de *Das*. Cuando el niño era de corta edad, perdió a su madre. *Ravana* se volvió a casar con una joven mujer muy ambiciosa, que le dio otro hijo, *Nala*. Desde el primer momento la presencia de *Das* le resultaba molesta a la reina, quien no soportaba la idea de que su hijo *Nala* no obtuviera el trono que le correspondía al primogénito *Das*. Esta situación llegó a tornar insegura la vida de *Das* en la corte. Uno de los *Brahmanas* de la corte advirtiendo las intenciones de la nueva reina, se propuso hacer fracasar sus planes.

El *Raja Ravana* poseía un rebaño de vacas sagradas consagradas a *Brahman* cuya leche y mantequilla eran ofrecidas frecuentemente a *Krishna*. Las mejores praderas del país les estaban reservadas. Cierto día, uno de los pastores llegó para informar que, en los parajes donde pastaba el rebaño, se anunciaban grandes sequías, por lo que se habían reunido todos los pastores a fin de trasladar a los animales hacia los pastizales de las montañas. El *brahmana* amigo del bondadoso pastor, le entrego secretamente a *Das* para que lo llevara con él a las colinas.

*Das* se unió gustoso al rebaño en su lento camino hacia las lejanas praderas quebradas de los montes selváticos. Todo aquello fue apasionante para *Das*, por lo que fue profundamente feliz. Entre los pastores creció como un sagál. Aprendió a conocer el ganado, a ordeñarlo; a conocer los árboles y comer sus frutos; a evitar el tigre y a confraternizar con la mangosta, a soportar las lluvias al abrigo de una choza protectora; a jugar con los otros muchachos como él; a tejer cestos y esteras de junco; a descansar bajo los árboles, etc. *Das* no había olvidado del todo su patria y su vida anterior en la corte; pero pronto todo le pareció un sueño lejano.

Un día *Das* dejó momentáneamente el rebaño y se dirigió al bosque en busca de miel. Al poco de andar en la maravillosa floresta, descubrió una senda entre altos helechos. De pronto, una extraña sensación lo impulsó a entrar en aquel caminito y lo siguió silenciosamente. Pronto descubrió una choza bajo un árbol frondoso y junto a la entrada de la choza y sentado en el suelo, con el busto erguido, un hombre inmóvil, con las manos descansando sobre las piernas ---en flor de *loto*---. Este extraño y venerable ser, conmovió profundamente a *Das*, quien se quedó de pie inmóvil como petrificado, observando sin decir palabra alguna. Este hombre de largos cabellos blancos, era un santo, un *yogi*. En su místico ensimismamiento parecía mirarlo todo con mirada vaga; parecía saberlo todo y poderlo todo. A su alrededor se encontraban las fuerzas de su espíritu formando un círculo bien perceptible, su *aura*.

Inmóvil como una estatua de piedra, estaba el *yogi* sentado frente a su choza, y frente a él, clavado en la tierra sin atreverse a romper el silencio con un saludo, fascinado por aquella figura. *Das* vió moverse lentamente sobre la piel del maestro, los brillantes discos áureos del Sol que se filtraban sobre la fronda, sin que lo conmovieran y advirtió que cuanto lo rodeaba tenia que ver nada con él; ni el canto de los pájaros, ni el chillido de los monos, ni la rubia abeja que se posó en su rostro, olió su piel, correteó un trecho por su mejilla y luego se alejó volando; ni lo múltiple del bosque. Comprendió el muchacho que todo lo horrible y bello de la vida, lo repulsivo y lo atractivo que hay en el mundo, carecía de sentido para el santo varón; la lluvia no podía enojarle ni enfriarle, el fuego no podía quemarle; el mundo circundante era para él superficial y carente de importancia. Este pensamiento acerca de que el mundo no era otra cosa que un juego banal, el soplo de un viento vago, el encrespamiento de las olas sobre un abismo desconocido, sobrecogió al principito y lo llenó de horror al mismo tiempo que de curiosidad, pues en el fondo de su corazón, descubrió la idea de que tras la maravillosa red de los sentidos, las emociones, las sensaciones y los pensamientos existe un mundo inmutable, espiritual, de eterna paz y felicidad, al cual él podía tener acceso algún día. Y así permaneció *Das* olvidado de su alcurnia, lejos de los pastores y rebaño, rendido ante el embrujo inefable del santo; no supo cuanto tiempo pasó, hasta que, sin saber cómo, se vio caminando de regreso, alucinado, preso de extraño encantamiento, al lugar donde lo esperaban sus alarmados compañeros.

Pasaron los años. Un día, estando el rebaño cerca de la ciudad, un pastor trajo la noticia de que el rey *Ravana* sintiéndose enfermo se propuso designar a su hijo *Nala* al mando del reino. Para la fiesta de coronación, tres pastores habían recibido el encargo de llevar una carga de mantequilla al palacio, a fin de ser quemada en las ceremonias sacrifícales. *Das* tuvo la suerte de integrar el grupo y así fue como asistió a los grandes festejos de la coronación. *Das* vio pasar el brillante cortejo compuesto de elefantes, carrozas bayaderas, danzarinas, cortesanos, músicos, etc. Vio pasar también a *Nala*, su hermanastro y le pareció desagradable y necio, presumido, vanidoso, prepotente e insoportable. Pronto olvido esas emociones negativas frente a la magnificencia de un espectáculo tan embriagador. Tenía en realidad, sed, ver, oír, reír y gozar. Las mujeres de la ciudad habían excitado su imaginación; eran hermosas y sus miradas eran incitantes y descaradas y aunque solían despreciar a los pastores, en el fondo les gustaban mucho aquellos muchachos hermosos y fuertes, creados con leche y queso, que vivían todo el año al aire y al Sol.

Tiempo después, mientras llevaban al ganado de una comarca a otra en busca de mejores pasturas, *Das* conoció a la hija de un colono llamada *Pravati*, tan profunda y seductora la promesa de gozo amoroso que emanaba de toda su figura, que abandonó el rebaño y la tomó por esposa. *Das* se abandonó a *Pravati* y en efecto encontró en sus brazos la felicidad. Su suegro era exigente, sus cuñados mordases y su joven esposa tenía mal humor; pero toda contrariedad se disolvía cuando, del regreso del trabajo, se entregaba en su cabaña a disfrutar del amor de su esposa.

Poco duró la felicidad de **Das**. Una tarde apareció en la región el joven **Raja** y su séquito para entregarse a la caza. Se levantaron tiendas y hubo gran alboroto. **Das** trató de evitar el contacto con los cazadores. Al regresar una tarde a su cabaña, no encontró a **Pravati** aún cuando tenía prohibido salir mientras estuvieran en la zona los cazadores. Una temerosa opresión acongojó el pecho de **Das**. La buscó en casa de sus suegros, en los alrededores. Gritó su nombre, husmeó sus huellas, maldijo pero todo fue inútil. Su cuñado el menor, niño aun, le dijo haberla visto en la tienda del rey conviviendo con él. **Das** se apostó cerca de la tienda de **Nala** y vigiló ansiosamente día y noche sin ser visto, hasta que en un momento, su hermanastro levanto la cortina de la entrada y dejó ver en el interior el rostro de **Pravati**. **Das** ante la desdichada evidencia, se sintió desfallecer; sintió dolor, furor y vergüenza dentro de él. Todo se derrumbó y su pobre *alma* se convirtió en ruinas.

El sentimiento de humillación fue como agua hirviente en las entrañas de **Das**. Espiando, atormentado, permaneció como un animal carnicero hambriento, en asecho de su presa, hasta que acertó a pasar cerca el odiado rey. Entonces hizo girar su honda y descargo una violenta pedrada en medio de la frente de su enemigo, que cayó muerto de espaldas, como fulminado por un rayo. **Das**, haciendo esfuerzos por respirar, borracho de odio, ante el horror de su acción, se sintió cobarde y miserable y tuvo repugnancia por encontrarse con vida; pero en seguida reaccionó y llenó su corazón de la salvaje alegría de la venganza. Deseoso de seguir viviendo, huyó a los bosques de las altas montañas.

**Das** vivió prófugo mucho tiempo. Se hizo más prudente y resignado, más astuto y desconfiado. Su vida se hizo tremendamente dura. Pasó peligros y penalidades. Vivió oculto y errante, huyendo siempre de los hombres. Por las noches dormía sobresaltado, soñando con **Pravati** y de día no dejaba de recordar su dulce vida de pastor, desde la lejana profundidad de lo irreparable. El dolor, el desasociego y la angustia, fueron sus compañeros. Hasta que un atardecer cuando el crepúsculo espolvoreaba de motitas del Sol las copas de los árboles, sintió la sensación de regresar al hogar. De pronto, se encontró con aquella senda entre altos helechos que en su niñez había encontrado; y al penetrar, vio la pequeña choza bajo el frondoso árbol y aquel *yogi* sedante, que muchos años atrás había visitado.

**Das** se detuvo como si hubiera despertado de un sueño, todo estaba como era entonces. El tiempo y la vida se habían detenido. El dolor y la muerte no habían pasado por allí. **Das** permaneció un tiempo con el venerable anciano. Al principio, trató de imitarlo sin cruzar palabra alguna con él. Así vivió como un criado junto a un gran señor, como animalito doméstico junto a un hombre silencioso, puro e infinitamente misericordioso, aunque en apariencia indiferente.

Un día **Das** sacando fuerzas de flaqueza se atrevió a hablarle: "Venerable Maestro ---le dijo---, perdóname si interrumpo tu ensimismamiento. Busco paz. Quisiera vivir como tu y ser como tu. Mira, soy joven, nací para príncipe y me hicieron pastor. En este oficio crecí fuerte e inocente de corazón. Fui feliz. Un día lo abandoné todo por una mujer ---**Pravati**---, a la que amé con toda mi alma. Pero mi hermanastro, coronado **Raja**, usurpador del trono, me la robó y yo, Maestro, lo mate. El dolor que soporté fue horrible; el mayor que sufriera en mi vida. Luego, tuve que arrastrar una vida de criminal; tal vez me capturen y ejecuten. Ayúdame, quiero terminar con esta vida espantosa; quiero librarme de ella para siempre". El **yogi** escucho tranquilamente el relato de Das, lo miró con ojos profundos, firmes, luminosos y dejando deslizar lentamente una sonrisa en sus labios, movió la cabeza y dijo: '¡**māyā**!' '¡**māyā**!'.

**Das** quedó deslumbrado, confundido, avergonzado. ¿Qué era **māyā**? ¿Su misma vida con sus dichas y desventuras? ¿Una niñería, una aventura, una farsa, un drama, una nadería; algo que tiene encanto hoy y lo pierde mañana por lo que no puede ser tomado en serio? Si **māyā** era su vida, **Das** aún no había terminado de vivirla y debía seguir viviéndola. Tal vez esa era la solución, aunque el silencio en que se había encerrado el yogi le impidió de momento resolver la incognita.

Pasado algún tiempo, por fin se decidió a partir. Antes de irse, sin embargo, se atrevió a decirle al venerable meditador: "Maestro he decidido partir; no quiero estorbar tu quietud. Pero antes de irme, ¿Puedes decirme algo acerca de **māyā**? Entonces el anciano Maestro tomó media calabaza que contenía agua y ordenó a **Das** que se lavara las manos. Luego tiró el agua sucia y le dijo a **Das** que le trajera agua fresca. El joven fue presuroso al espejo de agua que estaba junto a los helechos a cumplir el mandato. Hundió la media calabaza en las aguas claras, cuando se dejo oír entre los helechos una cálida y suave voz, que lo llenó de espanto y de alegría; una voz en el perfil de sus sueños remotos; una voz llena de resonancias dulces, infantiles y amadas: ¡La voz de *Pravati*! *Das*, como hipnotizado por la presencia de su amada, olvidó al viejo solitario del bosque, su retiro, su meditación; olvidó el encargo que minutos antes le habían hecho y corrió tras *Pravati*.

Lo que oyó de boca de *Pravati*, era increíble; parecía un cuento de hadas. El viejo pastor y el **Brahmana** habían revelado la vieja historia y todos requerían la coronación del verdadero príncipe. Ahora todos buscan a *Das*, pero no como un asesino, sino para ser elevado a la condición de **Raja** y para ser llevado triunfante al palacio de su padre. *Das* fue colmado de regalos; se prepararon fiestas y comidas. Toda aquella fastuosidad se le antojaba un sueño, sobre todo por tener consigo otra vez a *Pravati*, su hermosa mujer. Así pasaron los años, *Pravati* dio un hijo a *Das;* se llamó *Ravana* como su padre. Todo, en aquella época, fue felicidad para la familia real. Un día, llegó un mensajero e informó que gente del reino vecino donde reinaba *Ugrasena* habían pasado la frontera, robando ganado y tomando prisioneros a mucha gente. La casta a la que pertenecía *Ugrasena*, era tradicionalmente enemiga de los antepasados de *Das*, y la madrastra de éste, que lo odiaba por haber dado muerte a su hijo *Nala*, se había refugiado en ese país y azuzaba a *Ugrasena*, para que atacara a sus vecinos. *Das* se aprestó a la represión, traspuso la frontera y persiguió a los depredadores; pero como no lograba alcanzarlos, arrasó una aldea vecina, confiscó ganado y tomó prisioneros. Desde luego, se desató una terrible guerra sin cuartel, entre ambos reinos. *Das* había caído en una trampa mortal y vio palidecer y marchitarse su felicidad y el placer de su vida. Sólo le quedaba el entrañable amor por su hijo *Ravana*, pues su mujer mantenía relaciones equívocas con el apuesto y valiente jefe de sus tropas.

*Das* empezó a comprender el terrible error que había cometido. Pero ya era tarde; debía enfrentar la realidad y atacar al odiado *Ugrasena*. Así lo hizo y se dirigió a la frontera en busca de una rápida victoria. Pero el enemigo eludió hábilmente el combate y atacó por retaguardia, sitiando el palacio. Cuando *Das* recibió en la frontera la noticia palideció de horror y temió por la suerte de su hijo y de su propia esposa. Volvió grupas y atacó frenéticamente hasta caer de su caballo, desvanecido, ensangrentado, lleno de heridas. Cuando volvió en sí, fue llevado con las manos atadas a un aposento lleno de guardias armados. Allí estaba su mujer **Pravati** como pretificada con su hijo en el regazo. El niño estaba muerto. La otrora bella mujer tenía el rostro descompuesto, desfigurado; su mirada caía inexpresiva sobre el niño, sus cabellos, tan hermosos y bellos antes, estaban encanecidos. **Das** se sintió morir, y como un mendigo, se arrodilló frente a la doliente madre y se hechó a llorar, hundiendo su rostro entre cabellos ensangrentados del niño muerto, mientras la fija y helada mirada de **Pravati** buscaba en la lejanía un consuelo imposible. Todo había terminado. Luego, fue tomado por los guardias, y llevado al reino de **Ugrasena** y arrojado en un oscuro calabozo.

¿Cuánto debía durar tanto horror? **Das** deseaba morir, y entre tanto dolor, cansancio y debilidad se quedó bien dormido.

Cuando despertó de aquel sueño se froto los ojos; ¡miro extrañado y no vio los muros de la prisión, sino los altos helechos verdes. Estaba en el bosque y tenía entre sus manos temblorosas, media calabaza llena de agua clara. Ahora comprendía: habían pasado pocos segundos. ¡Todo había sido *māyā*! De que forma tan horrenda, tan profunda y tan cruel, había sido iniciado en los secretos de *māyā*. Todo había pasado; debió llevar el agua al Maestro. Cuando llegó a la choza, Éste lo esperaba con una mirada inquisidora y compresiva, una mirada que selló de una vez y para siempre la vinculación de un verdadero Maestro espiritual con un discípulo que ya estaba preparado para abandonar la desesperada embriaguez de la vida.

"Los *humanos* somos artilugios tecnológicos inventados por antiguas comunidades bacterianas como modo de supervivencia..." Entonces cabe la posibilidad de que no seamos al fin y al cabo tan importantes. ¡Nos están usando las bacterias y los virus para su propio beneficio! "Es posible, por cierto muy posible, que el valor supremo de la ciencia consista, en realidad en mostrar que el mundo que los *humanos* estamos programados para percibir, no es más que una quimera". Con lo que conecta con Los **Vedas** y su afirmación de que lo que el hombre percibe es *māyā*.

"La ilusión se encuentra en nuestro punto de vista, si pensamos que las formas y estructuras, cosas y eventos, que nos rodean son realidades de la naturaleza, en vez de darnos cuenta de que ellos son conceptos creados por nuestras *mentes* empeñadas en medir y categorizar. *Māyā* es la ilusión de tomar estos conceptos por realidades, de confundir el mapa con el territorio"

Desde las alturas, desde otro punto de vista ¿no parecemos como insectos? ¿Y cómo seremos para los paramecios o los extraterrestres? Como "seres humanos" *que somos* debemos recurrir a la memoria de nuestra etnocéntrica cultura y recordar al grandísimo... que dijo: "pienso, luego existo", y después de esto su culpabilidad católica lo llevó a la siguiente conclusión: ¿y si todo esto no es más que la ilusión del genio maligno? Otros antes habían hablado de un *alma* y de la *mente*, de la conciencia y de la voluntad, y en definitiva son todas ellas cuatro la misma cosa, un mero objeto creado por nuestro impulso a buscar explicación a la nada, a la soledad, porque solos nacemos, vivimos en grupo, y morimos solos.

¡Qué dicha la del *ser humano*! poder ser feliz y no serlo. ¿Por qué no nos aterra pensar que realmente vivimos en *māyā*, ¡porque no nos damos cuenta! cómo nos vamos a dar cuenta si somos eso precisamente, el no darnos cuenta. Como no nos cuestionamos nunca a nosotros mismos, vivimos felices en *māyā*, con *māyā* y para *māyā*. A nuestro lado siempre hay seres que pululan, que nunca jamás se cuestionan nada, y cuando se dice nada, es **NADA.**

A los seres que pululan por la vida, vivir sin darle al tarro de la mermelada cerebral debe ser un placer inigualable. Uno si pudiera no lo abriría y uno no se pasaría tanto tiempo tratando de averiguar quien metió esa mermelada en el tarro, por qué se ha permitido que permaneciera en mi tarro tanto tiempo, ¿por qué nos creemos que somos algo divino por tener esa mermelada...? Uno por lo general desconoce cuál es el estado actual de los disfraces y los engaños con los que nos vestimos nos visten. Es nuestro caso: las influencias sociales, políticas, ideológicas, religiosas, culturales fueron de plomo, de armadura pesada. No puede uno dejar de cuestionarlo todo, porque durante muchos años uno ha estado vistiendo ropajes ajenos. Ahora ya no se puede fiar de nadie, por supuesto ni de uno mismo, es decir, del pensamiento, principal urdidor de roles, disfraces y patrañas, de autoengaños. En ese cuestionárselo todo, uno encuentra una cierta liberación, es como desnudarse, como usar un bisturí para cortar las cinchas de los sacos que ocultan [protegen], es decir, al cuerpo de la energía que lo mueve.

Por supuesto, alguien que tiene muchas mejores actitudes vitales para ser feliz que uno... El desafío consiste en que el nihilismo al que conduce un espíritu crítico y escéptico en el mundo de los *humanos* no apague el sentido del humor, las ganas de reírnos, de uno y de todo, porque si no realmente la vida se hace muy cuesta arriba.

A la mayoría de los hombres lo que les gusta es elegir por compañera, una mujer que además de el físico, sea precisamente que resulte atractiva por su risa, por su simpatía, por su llanto, por su caminar, por su alegría... Todo eso es lo que nos hace poder reconciliarnos con la vida y dormir un poco más *tranquilamente*. Esta es precisamente la última trampa de **māyā.**

# CAPITULO PRIMERO

Mientras la *mente* tenga la capacidad de medir, creará ilusión, naturalmente. La *mente* no tiene otra capacidad que la de medir, por eso todo lo que mide es ilusorio.

El *concepto* íntimo de *māyā*, no es de fácil aprehensión sobre todo para el hombre occidental, acostumbrado a encargar los problemas de la vida en forma pragmática. *Māyā* es en realidad el gran problema del hombre, la valla casi infranqueable que impide su autorrealización. (*Mā*=no; *yā*=es esto Todo lo que esta ligado a tiempo, espacio y causalidad). Desde el punto de vista paradojal *māyā* 'es' y "no es" al mismo tiempo. "No es", en cuanto no es lo absoluto, 'es' en cuanto tiene un cierto genero de realidad 'existe' de alguna manera.

Se acepta claramente el discernimiento de Los *Upanishads** al hablar de *māyā*, afirmado que el mundo se da psicológicamente y no lógicamente ---actualmente la ciencia moderna lo confirma--- y que las cosas son y no son al mismo tiempo constituyendo una apariencia ilusoria. Como nuestra vida entera que es una contradicción, un tremendo absurdo, una mezcla excluyente de existencia e inexistencia. En el conocimiento mundano se da claramente esta contradicción.

El hombre cree llegar a saberlo todo y lograrlo todo y por eso se entrega de lleno a la ciencia y a la técnica. Los nuevos dioses del mundo son los científicos y la tecnología. Sin embargo, cuando el hombre choca con las grandes incógnitas de la existencia, un mundo infranqueable le cierra el paso y cae atrapado en un círculo del cual no puede salir, su *mente* es la cárcel misma y aunque lo desea con toda su *alma*, no puede

---

* Upanishads 108 disertaciones muy profundas

salir de ella. Los grandes laboratorios y los productos de la técnica ya no le sirven. Y he aquí la contradicción: para trascender la *mente* tiene que abandonar precisamente sus deseos, Cada latido de su corazón le reclama ser egoísta y sin embargo nada logrará mientras no deje de serlo. Deseo y egoísmo es el bagaje con que el hombre parte en busca de su *salvación*. Mediante él, pretende trascender la *mente* y conocer la Realidad Última; pero precisamente es él quien se impide tal propósito. Así es la vida, una contradicción, una paradoja, un continuo avanzar y un continuo retroceder y esto es *māyā*.

Existen claros ejemplos acerca de la contradicción que supone el mundo *mayico*; de la paradoja que entraña la vida; de los antagonismos propios de la existencia. Todo cuanto se conoce, todo cuanto tiene movimiento, es *māyā*, y sólo evadiéndose de su amplio campo de su influencia puede darse el paso en pos de la emergencia espiritual. En el quietísimo interior en donde sólo existe piadoso silencio y absoluta inmovilidad habrá de hallarse el territorio de la espiritualidad, allende *māyā*, tras el tiempo, el espacio y el orden causal.

Esta verdad que exponen Los **Vedas**, ---el término **veda** en su más pura acepción etimológica significa sabiduría, la filosofía más antigua que el mismo hombre poseedora de un privilegiado desarrollo de inteligencia, única en la historia de todos los tiempos--- es sin duda de difícil aprehensión y de problemática vivencia. Tomando por ejemplo el hecho de la muerte. Todos vamos hacia un fin previsto: la muerte. Nuestras vanidades, nuestro orgullo, nuestras fantásticas realizaciones, nuestros lujos, nuestras riquezas, nuestro vanidoso conocimiento, todo, finalmente se hará cisco; esto es lo único de lo que podemos estar absolutamente seguros. Una hermosa casa será mañana una ruina; las ciudades aparecen y desaparecen; los grandes imperios de levantan y caen; los astros terminan siendo insignificante polvo cósmico. Así ha sido y así será. La muerte es el fin de la belleza, de la riqueza, del poder, de la virtud, de la gloria, de la vida. Mueren acaudalados y miserables, reyes y mendigos, bellos y feos, sabios y tontos, justos y pecadores. Todo va, en forma inexorable, a la muerte y sin embargo, aún cuando lo comprendemos como inevitable, nos aferramos a la vida. Existe un terrible apego a la existencia. De cualquier manera, aún en la forma más miserable, clamamos por vivir. No sabemos por qué; pero nos abrazamos con desesperación a nuestro más preciado bien: la vida. Somos capaces de renunciar a todo, pero jamás a ella. Y esto es **māyā**.

Una madre cuida a su niño con todos sus afanes, con todo su cariño; su *alma*, su vida es el niño. Ella piensa que es un genio innato, sano, inteligente, hermoso, como no hay otro igual en el mundo. El niño crece y se hace hombre y en lugar de ser un dechado de virtudes, es un canalla, un miserable, un desagradecido que hasta golpea a su madre; pero ella con increíble ceguera lo justifica, lo defiende, lo encubre y se vuelve con una fiera contra quienes lo condenan. Ella ni siquiera sueña que lo que siente no es amor, sino un apego infernal que se ha apoderado de sus nervios y la esclaviza al punto de hacerla aceptar una vida de humillaciones con su hijo. El mundo canta loas al amor de esta madre y no advierte que es una esclava que no puede ser sino como es. Ella en el fondo de su *alma*, hubiera deseado una y mil veces librarse para siempre de ese apego por el hijo que se le ha metido hasta las entrañas. Pero no puede, es impotente para hacerlo. Entonces lo oculta bajo un fraudulento manto de flores y lo llama amor maravilloso de madre. Y esto es **māyā**.

La vida nos da experiencia y la experiencia conocimiento, con todo lo cual formamos nuestra conciencia. Somos una verdadera planta de impresiones; constituimos un verdadero proceso aditivo de acumulación de todo cuanto captamos a nuestro alrededor. Así aprehendemos a tratar y a conocer a los seres que nos rodean; a nuestros padres, al los parientes, a los niños, a los ancianos, a los hombres y a las mujeres. A los débiles y a los poderosos, a los locos y a los cuerdos. La escuela de la vida nos adiestra para relacionarnos con este fantástico entorno de seres, cosas y fenómenos. Pero nunca aprehendemos a conocernos a nosotros mismos; y he aquí otra vez la contradicción. Vivimos la vida entera sin saber siquiera quiénes somos, a dónde vamos y de dónde venimos, sin saber cual es el propósito de la vida ni la naturaleza íntima de nuestro ser eterno e inmutable. Creemos saber y tener experiencia y no hemos dado siquiera el primer paso en el lento y progresivo camino de nuestro proceso autorrevelativo y por lo tanto no podemos llegar a conocer a los demás en forma genuina, autentica y verdadera, cuando no se sabe quién se es. Creemos, pues, conocer y no conocemos; creemos tener sabiduría y somos ignorantes, nos suponemos formando parte del universo y el universo nada tiene que ver con nosotros.

Es una contradicción flagrante, absurda, increíble; pero es la existencia y el mundo. Y este mundo y esta existencia no son sino *māyā*.

Aparece un político o un reformador que quiere acabar con los males de un pueblo, de una nación o del mundo. Él dice tener el sistema infalible de relaciones colectivas en virtud del cual, algún día todos vivirán felices y fraternalmente. Habrá que hacer sacrificios; muchas vidas serán segadas; pero no importa, finalmente se triunfará aunque sea sobre las ruinas y el dolor, se edificará para siempre el bienestar colectivo. Sin embargo, todos los planes tendientes a lograrlo a través de violentas reformas sociales, han fracasado siempre. El testimonio de los hechos históricos es irrefutable; jamás se ha logrado el bienestar el amor fraternal de los hombres en un lugar y en una época determinada. Pero no obstante ello, todos tienen fe en que esta vez si se ha de lograr la solución colectiva de los problemas del hombre y todos siguen al líder. Sin embargo, antes de que se hayan conjurado los males de un lugar, brotan en otro. Es como la artritis que deja de doler por un lado para comenzar a doler en otro. Tal vez se logre la riqueza de algunos; pero a expensas de la miseria de otros. Se encumbra una nación; pero se esclaviza a otra. Incluso, se predica que la enseñanza y la cultura no deben ser patrimonio exclusivo de algunos privilegiados; pero al subir el índice de conocimiento, disminuye el del bienestar físico. La más pequeña cantidad de prosperidad que gocemos por un lado, es causa de un simultáneo aumento de miseria por otro. Bien sabemos que no existe ni la más remota posibilidad de solucionar colectivamente los males de la *humanidad*. Sin embargo, el hombre, sin poderlo evitar, mata, depreda, roba, viola y comete ciegamente las ferocidades más espantosas y los crímenes más abominables que la misma bestia desconoce aún en sus momentos de mayor frenesí, para lograr ese objetivo imposible. ¿Por qué esta forma tan satánica de proceder? Si se puede, por ventura, hacer el bien por medio del bien y no por métodos infernales. Sin embargo, las cosas son como son y eso es *māyā*.

Generalmente se nos dice que "progresamos", que vamos hacia delante, de lo peor a lo mejor. Todos aceptamos alegremente esta afirmación, pues en ella encontramos consuelo, protección, amparo y esperanza. Tarde o temprano pensamos que la continua evolución consumirá los males y no quedara más que el bien sobre la Tierra. Es muy agradable oír semejantes cosas, especialmente para halagar la vanidad de aquellos que lo poseen todo, en detrimento de aquellos que no poseen nada. Pero no lo es para los miserables del mundo que tienen que luchar diariamente por su subsistencia, aplastados por la rueda de la llamada evolución y progreso. Casi todas las personas tienen la falsa creencia de que en un futuro incierto e impreciso, el hombre logrará terminar con el mal y sólo reinará el bien sobre la Tierra. Pero este razonamiento es obviamente falso. En primer lugar, porque admite la existencia del bien y del mal como realidades absolutas y en segundo lugar, porque la cantidad del mal progresivamente disminuye, mientras que la cantidad del bien aumenta en la misma medida. Estas afirmaciones jamás serán realidad. Tomemos un ejemplo, el hombre salvaje por un lado y el hombre civilizado y culto de la urbe por el otro. El primero si es herido cura rápidamente sin cuidados médicos, vive sin preocupaciones, sin precipitaciones; desconoce las enfermedades cardiovasculares, las neurosis, no comparece ante los tribunales, oficinas publicas recaudadoras de impuestos, bancos, no está sometido a la espantosa tiranía de la lucha por la subsistencia, a la crítica despiadada del prójimo, la dura competencia económica o las sórdidas intrigas políticas. Al hombre de la ciudad moderna civilizado y culto le ocurre lo contrario; es débil, nervioso, enfermizo, hipertenso, competitivo, violento, insatisfecho. Su vida está llena de obligaciones perentorias que no pueden dejar de cumplir sin ser arrollado por el terrible engranaje social. Es un enajenado, un esclavo, un alineado de una asociación grupal que le denomina sociedad, bajo cuyo yugo vive. Si, como se suele afirmar, el progreso y la evolución erradican el mal y entronizan el bien, es evidente que el salvaje debería vivir una vida miserable e infeliz, mientras que el ciudadano, por el contrario la debería de vivir entre la opulencia, y la dicha. Sin embargo, en la práctica ocurre todo lo contrario; a medida que emergemos de nuestros sentidos, cultivamos nuestro intelecto y adquirimos mayor capacidad de alegría, desarrollamos paralelamente mayor capacidad de sufrimiento. Cuando más se afina nuestro sistema nervioso, más vulnerables somos al padecimiento. El hombre culto tal vez soporte un insulto; pero un culto, es difícil que lo haga sin padecimiento psíquico, dada su mayor sensibilidad nerviosa. Cuanto más evolucionamos aumentando la capacidad de ser felices más aumentamos la capacidad de ser desdichados. Por lo tanto, no es seguro que la evolución y el progreso traigan la felicidad al hombre como afirman los cálculos frescos de los futurólogos. Mientras se viva en este mundo material, frente a la llamada evolución y progreso, siempre se abrirán dos caminos:

el del dolor y el del goce, el del bien y el del mal, el de la vida y el de la muerte. Esto es lo fatal, lo inexorable y esto es *māyā*.

El hombre está ligado, encadenado a *māyā* y quiere evitarla, pero es impotente para hacerlo. Quiere ser libre, escapar de las limitaciones de la vida y volar al "más allá" donde *māyā* no impera. Todo lo que cae bajo la acción de los sentidos es *māyā*, todo lo que despierta una idea en la *mente* es *māyā*, todo lo que esta ligado a las leyes del tiempo, el espacio y la casualidad es *māyā*; todo lo que tiene nombre y forma, no es sino *māyā*. Pero el "ser humano" ordinario no puede vencer la terrible esclavitud de *māyā*, habrá de vencer al tiempo vengador, el espacio infinito, la inexorable causalidad; habrá en fin que trascender los sentidos, la mente y el intelecto y sumergirse en el ignoto "más allá". Sin duda que con los medios que posee el autotitulado "ser humano" tan limitados e imperfectos su realidad ilusoria siempre será su ilusoria realidad, *māyā*.

En todos nosotros, cuando éramos niños reinaba la esperanza. Aún hoy, el recuerdo de la niñez, con sus fragancias olvidadas, siempre nos deja un suave hálito de ternura. Era maravilloso; todas eran posibilidades; un futuro radiante se habría ante nosotros ajenos totalmente al sabor amargo del fracaso y de penas que ensombrecieran nuestros rostros. La muerte era una posibilidad tan remota que parecía inexistente. Desde las perspectivas de la niñez el mundo es tan fascinante, como fácilmente alcanzable. Pero conforme avanzamos en nuestra existencia. Los acontecimientos se yerguen como un muro ante nosotros. La sucesión de acontecimientos a lo largo de nuestra vida, nos desgastan, nos vuelven pesimistas, insatisfechos. Cuanto más avanzamos, más se aleja de nosotros aquel ideal que nos forjamos de niños acerca de la vida, no sabemos por qué luchamos, para qué luchamos, no sabemos por ventura, qué queremos y mientras nos debatimos en los supuestos enigmas del Universo, al doblar una esquina, mientras nos divertimos o al cruzar una calle o mientras dormimos nos sorprende la muerte. Ella sea tal vez la tan ansiada libertad; pero de ello tampoco estamos seguros. Y esto es *māyā*.

Este Universo de perplejidades y de asombro, erizado de descomunales desatinos, no existe sino en relación con nuestros sentidos y nuestra *mente*, son nuestros sentidos y nuestra *mente* quienes lo ven así. Si ellos varían, varía el mundo. Nuestros sentidos y nuestra *mente* proyectan su sombra generada por la refulgencia impersonal de **krishna** (**kris**=máximo, **na**=inteligencia) ---su energía externa--- sobre el mundo, y la efímera y frágil danza de ella, es nuestra vida y el mundo mismo, y esta vida y este mundo están en una zona equidistante de la existencia y de la inexistencia esa zona equidistante es **māyā**.

La existencia carece de la fijeza, realidad e inmutabilidad que le acordamos. Es una mezcla de realidad y apariencia, certidumbre e ilusión. Es una contradicción flagrante, que nos tiene prisioneros desde que lanzamos el primer vagido hasta el estertor de la muerte. Este cruel antagonismo cotidiano, este obstinado enfrentamiento de opuestos que nos involucra y nos remite a los vaivenes de un destino solitario y desierto, fue percibido hace millones de años, por los excepcionalmente dotados sabios de la India, y actualmente la física moderna confirma; que no hay una estricta distinción entre realidad subjetiva y objetiva, o sea, que la relación entre *mente* y realidad es omnijetiva y esta omnijetividad el pensamiento no la puede captar y por ende es **māyā**.

Debemos entender que vivimos en el plano de la concepción falsa. Todo es falso, todo es relativo. La relatividad está basada en nuestra situación individual; pensamos, "Dios es grande", pero estamos pensando en Dios en términos de grandeza relativa, relativa a la nuestra. Nosotros como la hormiga vivimos cien años, pero la extensión de nuestros cien años es relativa a nuestros cuerpos. Brahma, el primer ser viviente y creador de este Universo también vive cien años, pero un día de él, equivale a 4,320.000 millones de los nuestros años, y la misma duración tiene su noche, y él vive cien de esos años; o sea, 24x30x12x100. Hay insectos que nacen, se reproducen y mueren durante la noche, todo antes del amanecer, nunca ven la luz del día. El mayor problema que se presenta en el mundo es que prácticamente todos están pensando en términos de sus propias circunstancias. Todo es parte de la ilusión, todo es parte de māyā. Algunas cosas pueden tener su lugar en el mundo de la ilusión; pero, cuando tratamos con la realidad factual, concluimos que aquí todo es un sueño, pues el estado onírico, es decir, el estado de sueño con ensueños, es una realidad virtual, aparente; no se distingue del estado vigíl, o sea, del estado de sueño despierto, pues en el estado onírico ahí todo es real; y en estado de vigilia, también ahí todo es real. El estudio psicológico de la conciencia demuestra ---no somos nosotros los que estamos en el mundo, sino que es el mundo el que se encuentra en nuestra mente--- que el hombre duerme, toda su vida se la pasa dormido y no sabe que duerme ni cómo despertar, ¿cómo se va a dar cuenta si él es eso mismo, el no darse cuenta? Jamás podrá despertarse antes de haberse dado cuenta de que está dormido. El mundo entero es como un sueño, una concepción falsa. La apercepción de la realidad espiritual es independiente de toda percepción material, de toda contaminación, La percepción de la realidad espiritual es la función del alma no la del ego material o de los sentidos pues es independiente de ellos, la percepción de la realidad material es la función de la mente, el hombre concibe, no percibe.

En el mundo occidental los científicos y filósofos han popularizado una palabra llamada 'relatividad' que se emplea para designar una teoría la cual en esencia no descubre nada nuevo, pero que resume moderadamente el eterno *concepto* de **māyā** transformándolo en la gran respuesta a la transubstanciación de lo infinito. El problema de los problemas metafísicos, en cuya solución se devanaron los sesos muchos pensadores durante siglos, por fin halla, al menos, una respuesta decorosa y hasta compatible en el plano racional con las exigencias de su linaje metafísico.

Tomemos un hombre de ciencia, tiene sed de conocimiento. Para descubrir lo que él llama la verdad científica no escatima sacrificios. Poco a poco, merced a su perseverancia, va descubriendo algunos secretos de la naturaleza en aras de ser glorificado, de perpetuar su nombre. Si la Naturaleza hace infinitamente más de lo que hace o puede llegar hacer el ser humano. ¿Qué merito existe en imitar los procesos y la insensibilidad de la Naturaleza? Ella puede desatar fuerzas capaces de pulverizar una montaña o un planeta en pocos segundos; pero estas fuerzas son ciegas y carecen de sensibilidad. La fuerza de gravedad puede aniquilar la masa de materia más grande que haya existido; sin embargo la gravedad tampoco tiene sentimientos ni sufre emociones. Por lo tanto, ¿Qué virtud representa el tratar de imitar los actos más groseros de la Naturaleza? Sin embargo, los hombres de ciencia pensando en sí mismos, de un manera limitada y en términos de sus propias circunstancias; se sienten orgullosos de estos actos, siempre lo han hecho y probablemente siempre lo harán. Y esto es **māyā**.

Aquello que en verdad no es, pero que aparenta ser, es **māyā**. **Māyā** es una apariencia. Es una semejanza. Es el poder ilusorio de la Inteligencia, no de la inteligencia del hombre, el hombre no es inteligente, ¿cómo podría serlo si le está faltando precisamente el ingrediente principal, la inteligencia? La inteligencia del hombre es la Inteligencia en el hombre constituido ya en un ser humano. *Māyā* tiene incontables poderes: la solidez de la piedra, la liquides del agua y su *prana*, el fuego es el poder ardiente de *māyā*. El aire es el poder móvil de *māyā*. El eter es el poder del vacío o el espacio de *māyā*. Por el poder de *māyā* las tres dimensiones intermedias, son como un amplio cristal a través del cual lo ignoto Absoluto, se refleja bajo la apariencia del Universo, por *māyā* el mundo entero aparece en lugar del Ser Supremo. El poder de llevar a cabo lo imposible es peculiar de *māyā*.

*Māyā* es madre de infinitos acertijos, es la energía externa de **Krishna** que lo envuelve, haciéndolo aparecer como algo distinto de lo que en realidad es. Divide al Infinito Absoluto, en centros finitos de experiencia, invistiendo a éstos con nombres, formas y cualidades. *Māyā* existe como la causa de la percepción de la multiplicidad del Universo, pero en verdad no tiene realidad alguna. Ella misma es también en verdad una apariencia como las que ella crea. No puede decirse que existe, ni puede decirse que no existe. Es inescrutable e indeterminable.

*Māyā* no es verdadera ni falsa. Es verdaderamente falsa y falsamente verdadera. *Māyā* es una especie de ilusionismo. Permaneces fascinado en tanto que no aparece el ilusionista, el conocimiento. En cuanto se da a conocer, uno sabe que los malabares son irreales y deja en seguida se asombrarse. *Māyā* es el artista más grande y el ilusionista más grande. Las personas mundanas no pueden detectar sus trucos. Ella oculta lo real, haciendo aparecer a lo irreal como real. Ella hace que lo impermanente parezca permanente, que lo impuro parezca puro, que el no ser parezca el ser.

Sabes que tendrás que morir y, sin embargo, piensas que vas a vivir siempre, eso es *māyā*. Sabes que el mundo está lleno de aflicciones y, sin embargo, te deleitas con los objetos perecederos y no quieres abandonarlos y eso es *māyā*. Sabes que el cuerpo de una mujer está formado de todo tipo de impurezas: carne, sangre, huesos, grasa, vómito, orín, excremento, moco, pus, bilis, tuétano, vísceras y, sin embargo disfrutas abrazándola. Esto es *māyā*.

*Māyā* produce un brillo falso y atrapa a las *jivas* (entidades vivientes) engañadas. Ella dora los objetos por encima y, de ese modo, atrapa al hombre, que es apresado por la rueda del nacimiento y de la muerte.

*Māyā* se manifiesta en el individuo humano como la *mente*. La *mente* no es sino *māyā* ésta es solo la *mente*. El control sobre *māyā* supone el control de la *mente*. *Māyā* juega a través de la *mente*. *Māyā* destruye por medio de la *mente*. *Māyā* causa estragos por medio de la imaginación de la *mente*. La mujer no es bella, sino que lo es la imaginación, El azúcar no es dulce, sino que lo es la imaginación. El hombre no es débil, sino que lo es la imaginación. Comprende la naturaleza de *māyā* y de la *mente* y haste sabio. Refrena esta imaginación de la *mente* por medio del recto pensar y no del recto pensamiento y sitúate en el Yo donde no existe imaginación y pensamiento.

Si existe una *mente*, existirá este Universo. La *mente* no funciona durante el sueño profundo por lo tanto no existe el mundo. Cuando más pienses acerca de los objetos más te identificaras con ellos y, más real parecerá este mundo. El concepto de la realidad de este mundo aumentará si piensas en los objetos sensoriales muy a menudo.

Cuando la *mente* corre atropelladamente tras de los objetos de los sentidos, *māyā* hace de la persona su propia fortaleza. *Māyā* arruina a través de la *mente* al contemplar los objetos de los sentidos, engañándonos de muy diversas formas. *Māyā* hace surgir por medio de su poder millones da *samkalpas,* pensamientos en la *mente*, siendo entonces la *jiva* presa de estos. Esta *mente* inferior no puede aproximarse a quienes tienen un gran discernimiento y discriminación entre lo real y lo irreal. *Māyā* es muy fácil de detectar, y el ser muy fácil de realizar, para quienes poseen discernimiento y una determinación firme. *Māyā* puede dominarse por medio de estas fuerzas que son *viveka*, la discriminación y el discernimiento.

La energía ilusoria de *Krishna*. Bajo su influencia, el *alma* individual se cree ama de la creación, poseedora y beneficiadora suprema. Identificándose de ese modo con la energía material, es decir, con el cuerpo (los sentidos), la *mente* y con la *inteligencia* material, olvidando por ello la relación eterna que le une a *Krishna*. El *alma* condicionada por dicha energía, se lanza a la búsqueda de los placeres de este mundo y se encadena así cada vez más al ciclo de los reiterados nacimientos y muertes.

**Krishna** es la causa material del mundo a través de **māyā**, que es la condición operante. **Māyā** es solamente un "modus operandi", no la causa material del mundo. **Māyā** tiene dos propiedades: **Avarana shakti** y **viksepa shakti**; la primera es la condición de esconder la verdad (poder de obnubilación). **Avarana shakti** niega el conocimiento; **viksepa shakti** genera el error. En su virtud, no percibimos lo Absoluto y recibimos otra cosa por Él.

¿Quién alguna vez en su vida no se ha planteado el enigma de lo efímero, fugaz, ilusorio y hasta absurdo de la existencia, ante el conmovedor espectáculo del nacimiento, las enfermedades, el dolor, la decrepitud y la muerte? **Māyā** es la gran dificultad del "ser humano", la barrera casi infranqueable que obstaculiza su liberación. **Māyā** no es engaño ni ilusión, ni magia ni idealismo, no es ni siquiera una teoría; **māyā** es la simple aserción de los hechos, lo que somos y lo que vemos a nuestro alrededor. El mundo carece de realidad óntica.

Es tan sólo en el estado **vigil** [despierto] el que nos pone ante nosotros esta creación, los nombres y las formas surgen debido a la agitación de la *mente*. La fuerza de esa agitación actúa en los estados de vigilia [despierto] ---es cuando se identifica el *yo* con el cuerpo y los sentidos--- y onírico (sueño con sueños) ---apresado de sus fantasmas mentales, sufriendo las miserias y los placeres que sus pensamientos crean para él. Esta agitación de la *mente* es uno de los poderes de *māyā*. El mundo entero se proyecta debido únicamente a este poder. Pero en el sueño profundo desaparece.

En el estado de sueño profundo uno no tiene la experiencia del mundo, debido a que no actúa la *mente*. Esto demuestra con bastante claridad, que habrá mundo sólo mientras exista una *mente*, y que únicamente ésta crea este mundo. El mundo es, pues, una creación *mental*. No existe en el sueño profundo, como tampoco existe en el estado de **samadhi**, [superconciencia] estado de éxtasis perfecto. No existe el mundo para un **sadhu**, sabio; la libertad es el resultado de la desesclavización de la *mente*. Quien ha conquistado su *mente* es un verdadero potentado y un **maharajá**. El hombre más rico es el que ha conquistado sus sentidos y su *mente*. Si la *mente* está bajo control no importa si vivo en un palacio o en una cueva de los **Himalayas**.

El deseo excita la *mente* y los sentidos, cuando la *mente* se excita es arrastrada de aquí para allá por los sentidos permaneciendo siempre intranquila. Los deseos son innumerables e insaciables su goce no puede producir satisfacción. Es una equivocación creerlo así. El goce aviva el deseo del mismo modo que el combustible aviva el fuego. El goce fortalece, aumenta y agrava el deseo. La mayoría han dejado a su *mente* que corra salvaje y que siga su propia voluntad dulce y su deseo. Por eso siempre cambia y divaga. Salta de un objeto a otro, es débil, la monotonía le disgusta. Es como un niño consentido al que sus padres permiten demasiada indulgencia. El control de la *mente* es algo desconocido para la inmensa mayoría de las personas. La inmensa mayoría de la gente mantiene la *mente* en continua agitación, su pensamiento está saltando de un tema a otro aún cuando no exista entre ambos la menor conexión. La trayectoria de sus ideas abarca las cosas más heterogéneas en un breve periodo de tiempo y todo ello le impide lograr verdadera atención. Así, el tonto no repara de la importancia tan grande que es el controlar la *mente* y los sentidos. No puede percibir que la *mente* divaga a su antojo, que no la puede controlar en forma permanente, sino sólo en medio de interrupciones durante las cuales ésta se dedica a medir, a comparar, a condenar, a aceptar, a negar, a evaluar, a juzgar, a reprobar, a adoptar, a identificar, etcétera, etcétera.

La atrevida afirmación acerca de que el mundo no existe, no deja de ser fantástica a la vez que increíble para el hombre común, frente a la existencia efectiva y concreta del Universo físico. Nada más agresivo a sus supuestos lógicos, a sus concepciones generalmente aceptadas, a su óptica práctica de la vida, que la existencia de **māyā**. ¿Qué significa que el mundo no exista? ¿Qué significa que todo cuanto nos rodea no es más que la apariencia ilusoria de **māyā**? Significa que nada tiene existencia absoluta y que tan sólo existe con relación a nuestros sentidos y *mente*. Son únicamente nuestros sentidos y *mente* lo que los ven así, sin ellos, el mundo no existe. Solo es verdadero aquello que es infinito, eterno, incognoscible, transubstancial. ¿Qué puede tener de verdadero este entorno de cosas, seres y fenómenos que nos rodea, cuando hoy es y mañana no será? Ni el entorno, ni los seres, ni los fenómenos, tienen verdadera existencia, en la medida en que están en el espacio, en el tiempo y sometidos a un orden causal. Es claro que tampoco se les puede considerar inexistentes en cuanto tienen cierta utilidad práctica y cierta entidad en nuestra vida. No serán lo absoluto, pues nada puede concebirse fuera de él, pero a nuestro nivel individual 'algo', sin duda son. ---¿Y qué son?— Pues son 'esto', lo que son; el mundo tal cual se presenta a nuestros sentidos y *mente*; el mundo de los nombres, forma, símbolos; el mundo del tiempo, del espacio y de la causalidad.

Esto es importantísimo que se comprenda, no que se crea —la creencia es una cosa y la realidad otra---, *māyā*, su ilusión radica meramente en nuestro punto de vista, si nosotros creemos que los perfiles y estructuras, las cosas y los sucesos y la Naturaleza misma son realidades absolutas, en lugar de darnos cuenta que son conceptos falsos, producto de la *mente* medidora y categorizante. *Māyā* es la ilusión de tomar estos conceptos como verdaderos, de confundir el mapa con el territorio. En verdad nada existe, porque todo lo que existe, existe un instante equiparable a la diezmillonésima parte de un segundo y al instante siguiente ya no existe, sino que es otra cosa lo que existe. El existir es un perpetuo cambiar, un devenir perfecto, un constante fluir. Todo es relativo, nada es absoluto; esto no es cuestión de creencia o de incredulidad. Tanto el creer o descreer estorban para ver el hecho de lo que es, y lo que es, es *māyā*, lo que corresponde al hecho mismo de lo que es, es *māyā*.

Velar lo real y proyectar lo irreal, es la función de *māyā*, por eso se le llama **avidya** o conocimiento erróneo (**ajñana**) nesciencia. Cuando esta actividad se atribuye a **krishna**, se transforma en *Ishvara*, el Controlador Supremo. *Māyā* es la energía externa ---la causa eficiente-- de *Ishvara* que crea el mundo; es la limitación que se impone *Ishvara* a sí mismo. El poder obnubilante y protector de *māyā* no actúa en *Ishvara*. Por su poder protector, *māyā* es, *Ishvara*, la potencia (**shakti**), energía cósmica universal que limita y particulariza: pero sin que se rompa la unidad profunda del Ser; por eso *Ishvara* comprende al mundo y usa tanto a *māyā* como al **pradhana** ---la etapa no manifestada de las tres casualidades de la Naturaleza material (bondad, pasión e ignorancia) la causa material. El asume dos formas para crear el mundo material con la causa eficiente y la causa material. Pero el poder obnubilante de *māyā*, si se apodera de la *jiva*=ego empírico. El ser se denomina *jiva* mientras no concibe su condición trascendental y está afectado por la diversidad del mundo y los pares de opuestos. ---Alma individual atómica (*jivatma*) con conciencia de separatividad con los otros seres y del **Brahman** Supremo--- con la unidad, porque directamente ignora esta última. Por eso la *jiva* considera al entorno como realidad externa a su propio organismo físico y a este como *jiva*.

**Avidya** es la fuerza que nos empuja hacia las garras de *māyā*, el sueño de la vida. **Avidya** es, simplemente ignorancia, es el principio cósmico de la ignorancia. La ignorancia de no saber quién se es, la ignorancia de no saber para qué vivo, la ignorancia de la Unidad y diferencias simultáneas. *Acintya bhedabheda-tattva* la inconcebible y sublime filosofía de "igualdad y deferencia" simultaneas. La esencia es la Verdad Absoluta, la Energía Suprema y todas las emanaciones son formas relativas de energía son diferentes de la esencia. Todo es uno pero a la vez es todo.

La ley de *karma*= Ley de acción y reacción, cualquier acción es que se incurre debido a las actividades fruitivas. Esto es: ningún esfuerzo correcto o incorrecto realizado en la vida evolutiva o involutiva pueden desaparecer del mundo de las causas. Toda vida es el resultado de una serie única de causas y efectos. Esta ley opera la individualidad a la vez que es un producto de *avidya*. El mundo en el cual nacemos tiene la modulación propia, el particular acento, el matiz exclusivo, impreso por nuestros actos anteriores. La rueda del **Karma** no se detiene hasta que hayamos obtenido el *conocimiento* perfecto, el cual una vez logrado, las semillas **karmicas** se agotan y las arduas purificaciones y transformaciones llegan a su fin.

Deshacerse de *avidya*, la ignorancia, es liberarse de la Ley del **Karma**. Sus normas no son fatales; aunque somos marionetas inconscientes que bailan sujetas por los hilos inexorables de las **gunas**, las modalidades o constituyentes de la Naturaleza material; existe una porción de libertad individual, que juega dentro de los límites del libre albedrío. Nuestra vida está fuertemente subrayada por enérgicos tonos de nuestra propia conducta; somos su consecuencia mediata, su resumen, el resultado de ella. La Ley de **Karma** (Némesis de los griegos), encarna la suprema justicia de la existencia, inesquivable, irreversible. La justicia **karmica** no conoce de condonaciones, no sabe de excepciones, concesiones, de indulgencias, de privilegios, de misericordias, de sentimientos, de arrepentimientos de clemencia ni de crueldades; todo acto tiene su efecto y su tiempo de ser *premiado* o *castigado*, así como la sublime oportunidad de ser corregido en este mundo.

La vida humana no está hecha para que la disfrutemos de la complacencia de los sentidos como los animales. La forma humana de vida única salida para escaparse de este enredo, es una gran fortuna el llegar a poseer un cuerpo humano, por lo tanto, es de lo más importante aprovechar esta oportunidad que se nos brinda en esta especie de vida de las 8,400,000 que existen en este Universo, 400,000 corresponden a especies humanas morfológicas. La gran mayoría de las especies morfológicas *humanas* son incivilizadas, y de las escasas especies civilizadas que hay, sólo un reducido número de seres humanos adopta la vida espiritual. Por que dentro de los supuestos religiosos, la mayoría se identifica con designaciones, declarando: "soy católico", "soy musulmán", "soy hindu", etcétera. Algunos se dedican a obras filantrópicas, y otros ayudan a los pobres y abren escuelas y hospitales. Ese proceso altruista se llama **karma-kanda**, el trabajo o la acción que ata. De entre millones de esos **karma-kandis**, se puede hallar un **jñani**, alguien que sabe. Dentro de millones de **jñanis**, puede que uno esté liberado, y dentro de millones de **atmas** liberadas, puede que uno sea capaz de comprender a la Suprema y Trascendental Verdad Absoluta, el Señor **Sri Krishna**, La Inteligencia Suprema. **Krisnha** mismo afirma en El **Bhagavad-gita** (7.3) "Dentro de muchos millones de hombres, puede que uno se esfuerce por la perfección, y de aquellos que han logrado la perfección, difícilmente uno me conoce en verdad".

La crueldad e injusticia del destino y la manifiesta impunidad de algunos actos reprochable de los hombres, es aparte y esta determinada por nuestra mezquina y angosta visión de la realidad. En el hombre común existe la intrínseca incapacidad para la observación acrítica y panorámica de la existencia en su conjunto, en su totalidad, en su concepción trascendente y la extraña tendencia a confinar el objeto, el sentido y la materialización de los eventos vitales, en los estrechos límites de su tránsito mundano.

Cuando se disuelve la ilusión de *māyā*, desaparece **avidya**, el *alma* deviene inmaculada y se revela al Ser. Es entonces cuando se logra **Moksha**= la liberación del cautiverio de las obras. **Moksha** no supone la abolición del Ser, sino la liberación del cautiverio material, a través de la iluminación y expansión de la conciencia. **Māyā** no tiene ya poder sobre quien ha logrado **moksha**. Hay alguien que tiene en sus manos la red de *māyā*, alguien que reina con su poder y con su poder rige todos los mundos. Es el mismo en el momento de la creación, en la manutención y en el momento de la disolución. Quien lo conoce alcanza la inmortalidad. Es **Krishna**. Él es solo quien gobierna los mundos con su poder. Él vela todos los seres y decreta Su creación y destrucción. Todos los libros sagrados, todos los sacrificios, rito y plegarias, todo contenido verbal de Los **Vedas** y todo el pasado, el presente y el porvenir, dimanan del Espíritu Supremo. Con *māyā*, su energía prodigiosa hizo todas las cosas y por *māyā* se encuentra la *jiva* (el *alma*) subyugada. Sabe por tanto, que *māyā* es parte de la Naturaleza Material.

En la visión del hombre occidental la naturaleza es real, el cósmos es real, el dolor es real, la ilusión es real, aún lo falso es real, si, real pero no verdadero. Todas las cosas son *māyā* fluido cambiante evocadas por el gran mago de la obra divina: **Krishna**. El mundo de *māyā* cambia continuamente porque la divina **Lila** (pasatiempo trascendental) es una obra rítmica y dinámica. La fuerza dinámica de la obra es **Karma**: la suma total de actividades fruitivas que tienen como finalidad proporcionar al cuerpo bienestar o incomodidad. **Karma**, la gran Ley de la causación, de la compensación y la retribución. Todas las leyes se agrupan bajo el título genérico de Ley de **Karma**, que encierra la verdad de que nada sucede casualmente sino causalmente, toda causa tiene su efecto; todo efecto tiene su causa; todo ocurre de acuerdo con la Ley de **Karma**; el azar, la suerte, el accidente, la casualidad, son meramente expresiones concernientes de nuestra ignorancia de las leyes que imperan en esta Manifestación Cósmica; a causas que no podemos percibir, causas que no podemos comprender en nuestro estado condicionado.

A través de la meditación, de la verdadera meditación podemos descubrir que no puede existir dicho agente casual, en el sentido de algo externo, fuera de la Ley, algo aparte de la causa y el efecto. ¿Cómo podría existir algo actuando en el Universo fenomenal, independiente de las Leyes, del Orden y de la continuidad del último? ¿Cómo podría actuar algo imperfecto dentro del orden perfecto que fue diseñado por el Ser perfecto? Tal agente sería algo completamente independiente del tren coordinado del Universo, y, por consiguiente, sería superior a él. No hay sitio en el Universo para algo externo o independiente de la Ley. La existencia de algo semejante convertiría a todas las Leyes naturales en inefectivas y sumergiría al Universo todo en el desorden más caótico.

No está dentro de este contexto de *māyā* profundizar en ese principio occidental a pesar de las muchas discusiones y disputas entre las varias escuelas de pensamiento, creencias organizadas y corrientes ideológicas, pues, el inmanente principio de causa y efecto pertenece a las tres dimensiones intermedias: **Desha**= espacio; **Kala**=tiempo y **Karma**= acción. La ley de **karma** es una variante de la causalidad universal aplicada al plano humano, en virtud de la ley de analogía que rige el Cosmos. No se trata de que los hombres deban sufrir castigos por sus afanes materiales o premios por su bondad. No, tal cosa supondría un teísmo antropomorfo, sino que se trata de una secuencia mecánica, ajena a todo ensañamiento o misericordia: a una acción buena corresponde un efecto bueno; a una acción mala, corresponde un efecto malo.

Pensar de otra manera sería sacar el fenómeno del Universo del domino de la ley y el orden, relegándolo a ese algo imaginario al que la ignorancia le ha dado el nombre de casualidad. La simple aserción de los hechos del Universo, la forma como marchan es *māyā*, Ni siquiera es lícito preguntarse 'cómo' ni "por qué" es así, sólo sabemos que es así y que es imposible evitarlo. Es una absurda contradicción, una burla maléfica, una diabólica combinación de eventos vitales; pero es así. Tampoco podemos analizar los hechos y formularnos preguntas lógicas, porque los eventos van contra la lógica y nuestra *mente* finita y razonadora no es capaz de comprenderlos.

En realidad, el problema de *māyā* trasciende nuestros sentidos y *mente* y se oculta allende lo temporal, especial y causal, *māyā* es dependencia dolorosa, ligamento, esclavitud. El hombre, desde tiempo inmemorial no ha dejado de interrogarse acerca de la manera de cortar esta extraña de contradicciones, que provoca el hechizo de *māyā* y que es la vida misma. El "ser humano", está consubstanciado con el problema de su autoliberación, es decir, con el de su evasión de la dimensión *mayica*. La base de su filosofía y de su religiosidad, se encuentra intrínsicamente en su rebeldía a la aceptación del orbe de *māyā* y a sus esfuerzos consiguientes para evitarlo.

*Māyā* no es una teoría para explicar el mundo; es, simplemente, una explicación de los hechos, tal como ocurren. Y estos hechos constituyen la evidencia de que la vida del hombre es una profunda contradicción, un tremendo absurdo. Este juego de luces y sombras, siempre cambiante, que cae bajo la percepción sensorial, infinita y eterna, sin principio, reposo ni fin es *māyā*. Esto que no podemos decir que existe ni que no existe; que sea múltiple o Uno; que sea un instante o la eternidad o que sea la porción de algo o lo Infinito; esto, contradictorio y antagónico, esto es *māyā*. Para que el "ser humano" emerja espiritualmente habrá que atravesar el reino de la contradicción y el absurdo.

La audaz percepción y concepción de *māyā* por parte de los trascendentalistas ortodoxos de la filosofía **Vedanta** ---la filosofía más antigua de cuanto conoce la *humanidad*— supera las investigaciones más modernas, no solo en el campo físico, sino en el campo psicológico, moral. Nada sería más adaptable y adecuado al temible complejo mundo actual, que esta enseñanza que ha permanecido incólume, sin mácula de distorsión en el idioma más antiguo y eterno de cuanto conoce el hombre: el **sánskrito**. Son muchos los científicos y filósofos modernos que simpatizan con sus principios. Las teorías dualistas ya no satisfacen las necesidades humanas. Los dogmatismos religiosos concluyentes, son ya inaceptables.

# CAPITULO SEGUNDO

Esta filosofía no es optimista ni pesimista. Las cosas son como son: ni absolutamente malas ni absolutamente buenas. El mundo está constituido por pares de opuestos, por conceptos antagónicos que al aumentar o disminuir uno, disminuye o aumenta necesariamente el otro. El bien y el mal no constituyen dos entidades precisas y separadas con existencia "en sí" y "por sí". Lo que hoy es bueno, mañana puede ser malo, incluso, lo que hoy es bueno para algunos, puede ser al mismo tiempo malo para otros. El fuego puede servir para hacer una buena comida y saciar al hambriento; pero también puede quemar y destruir una vida. Siendo ello así, ya se vislumbra la manera de acabar con el mal, acabado también con el bien. En última instancia, no hay nada en el orden *mayico* que no sea relativo.

En la niñez, el rostro de los padres, una golosina o los juegos infantiles, colman la felicidad de los niños; más tarde los objetivos cambian y aparecen en escena nuevas ambiciones: la esposa, los hijos, un título, un auto, paseos, casa, posición social… Todo cambia en un vertiginoso correr, a través del tiempo. Pero todas esas etapas se van superando y tal vez en última instancia sólo preocupe la aniquilación de la personalidad, como medio de la liberación, lo cual es harto dificultoso en una sociedad que se empeña en exaltarla y cultivarla. Los que fueron nuestros ideales de ayer, tal vez causen gracia; mañana es probable que nos causen gracia nuestros ideales de hoy. En verdad, no sabemos ni lo que queremos, quienes somos, qué estamos haciendo aquí, ni siquiera sabemos si somos o no somos felices. La única solución consiste en acabar con todo: con el bien y con el mal, con la felicidad y con la desdicha, con la vida y con la muerte. Ésta es la única forma de acabar con *māyā*, ¿pero ello es posible?

El problema de *māyā* es un problema arduo, difícil; el sólo pensarlo causa pavor y desconcierto. Si todo es apariencia ilusoria, ¿qué utilidad tienen las filosofías y las religiones? Si es que todo es *māyā*, ¿de qué sirve entonces hacer el bien? En este último aspecto si es verdad que no podemos hacer el bien si traer el mal, que ¿utilidad tiene hacerlo? Aquí hay algo sorprendente: si hacemos el mal, una extraña angustia nos oprime el corazón. Tarde o temprano cada uno de nosotros descubriremos esta verdad en nosotros mismos. El bien, pues, parece ser una forma de escape de la infernal rueda de contradicciones que es la vida, ya que sólo haciéndolo hallaremos paz. Pero he aquí otra sorpresa: al aquietar nuestro espíritu a través de las buenas obras, el mundo también comienza a aquietarse, a ser menos contradictorio y paradójico. Como es nuestro interior, así es el mundo exterior, es decir, como somos nosotros es el mundo, ¿por qué? Porque nosotros somos el mundo; el mundo no está separado de uno. El problema del individuo es también el problema del mundo, no son dos procesos separados y distintos. Toda la humanidad está en cada uno de nosotros tanto en el nivel consciente como en las capas más profundas de lo inconsciente. A donde uno vaya por el mundo, los autotitulados seres humanos son más o menos iguales. Podrá diferir sus hábitos, su conducta, el patrón externo de acción puede diferir, pero internamente, psicológicamente, sus problemas son exactamente los mismos. En todo el mundo el hombre está confuso, eso es lo primero que uno observa. Está incierto, inseguro, anda a tientas inquiriendo, pidiendo, buscando una salida para este caos. Acude así al sacerdote, al filósofo, al analista, a los *gurus*, en todas partes busca una respuesta, una salida para esta trampa de *māyā* que nos mantiene presos, sin advertir que nosotros, como "seres humanos", vivimos en esta ilusión que hemos creado ---que ella es de nuestra propia hechura y de nadie más.

La sociedad en que vivimos es el resultado de nuestra condición psicológica. Nosotros somos la sociedad, somos el mundo; el mundo no es diferente de nosotros. Así como somos, así hemos hecho el mundo, porque somos codiciosos, ambiciosos, competitivos, lucrativos, acumulativos, mezquinos, agresivos, porque estamos confusos, desubicados y buscamos éxito, poder, posición, prestigio. Somos violentos, brutales, agresivos, y edificamos una sociedad que es igualmente competidora, brutal y violenta. Así, nuestra responsabilidad es

la de comprendernos primero a nosotros mismos, porque nosotros somos
el mundo. Esto no es un punto de vista egocéntrico. Limitado.

Nunca falta el necio que cuestiona, el por qué debería reconocerse
responsable de lo que *otros* hicieron antes de él nacer, pero el insensato
no se da cuenta de que sí lo es y en grado superlativo de lo que hace,
¿por qué? porque como *ser humano* confluyen en él milenios y milenios
de hombres y mujeres que le precedieron, porque sobre que base trabaja
su *mente* que reacciona a los estímulos del ambiente externo y a los de
su íntima naturaleza interna, pues es más que obvio que su organismo
psicológico no está estructurado sobre algún esquema extragaláctico;
es en esencia igual al de los billones de seres que le precedieron, que le
acompañan en el transito vital, y de billones de billones que le procederán
dentro de los billones de billones de **Kalpas** por venir. La sociedad que
uno encuentra al nacer, fue organizada por nuestros padres, nuestros
abuelos, bisabuelos, tatarabuelos, etcétera. Cada uno de ellos tampoco se
sintió responsable de lo que encontraba "al venir a este mundo". El peso
de la responsabilidad siempre se deriva hacia otros. Uno asume solamente
aquello que considera afín a sus deseos circunstanciales. Pero no debemos
olvidar que aunque uno no se reconozca culpable de lo que hicieron
nuestros ancestros, no nos exime de la relación que establece la causa con
respecto a su efecto, y ahora uno sufre las consecuencias, las causa nunca
puede carecer de los elementos que existen en su efecto.

¿En qué consiste el problema cuando observamos el mundo **real**
alrededor y dentro de uno mismo? ¿Es un problema económico, un
problema racial del blanco contra el negro, de los comunistas contra los
capitalistas, de una religión opuesta a otra religión, de una nacionalidad
en oposición a otra nacionalidad, de una clase social en antagonismo
con otra clase social, de partidismo ---es ese el problema? ¿O se trata
de algo muchísimo más hondo, de un problema psicológico? Por cierto
que mucho más que un mero problema externo, es éste un profundo
problema interno. Sin duda, entonces, nuestro mundo, tal cual es, tal
cual se nos presenta, es nuestra propia obra, de nuestra hechura. Uno es
el único responsable de lo que ocurre en el mundo. Y como el mundo
externo ---proyección de nuestro mundo interior— es una apariencia
ilusoria o **māyā**, luego **māyā** depende de nosotros y sólo en nosotros y
por nosotros puede ser vencida.

Ahora bien, nuestros sentidos y *mente*, son los instrumentos de percepción y expresión que forman nuestra experiencia y nuestra conciencia, con las cuales elaboramos el mundo contradictorio. En estas condiciones, mientras no trascendamos estos instrumentos, no habremos trascendió el mundo, el cual seguirá tan caótico y contradictorio como siempre y por lo tanto, siempre estaremos atrapados en las redes de **māyā**. Luego, para lograr la suprema solución de los problemas de la vida, tendremos necesariamente que trascender nuestros sentidos y *mente*. Cabe preguntarse si ello es posible.

Los agnósticos contestan negativamente. El problema para ellos no tiene remedio: **māyā** es invencible. Vano es preocuparse ---dicen---. Estamos satisfechos y gocemos de la vida. "Mientras dura, vida y dulzura", reza la sabiduría popular. Pero he aquí un grave error, un trágico error; tal vez el más funesto e ilógico error que puede cometer el hombre: el de suponer que la vida sólo consiste en el desarrollo y la satisfacción de los sentidos. Si así fuera, ¿qué diferencia nos separa de los animales? Sin embargo, la inmensa mayoría de las personas son sirvientes de los sentidos, esclavos, y, en consecuencia, las gobiernan los dictados de ellos. La vida no es sólo sensoria; es mucho pero mucho más que eso. La vida consiste también en pensamientos, sentimiento y aspiraciones. Y este íntimo, secreto e invencible afán de perfeccionamiento que todos llevamos instalado en el *alma*, ¿no forman parte de ella la intuición y la inspiración? Sin embargo la inmensa mayoría de la gente es mundana y sensual y se entrega a **māyā** sin luchar contra su naturaleza interior. Alrededor del hombre se levanta el imperio, sin duda alguna, es el imperio de **māyā**.

Pero de cualquier manera, hasta los hombres más sensuales y materialistas conciente o inconcientemente, se sienten ligados a **māyā** y quieren librarse de ella. **Māyā** significa lo que ellos no quieren ser, la vida que no quieren vivir, el lado de la moneda que quieren evitar. Ellos son a veces *felices*, disfrutan del bien y ríen; no quieren ser desdichados, padecer el mal y llorar. Los más, suelen afirmar que tienen derecho a la felicidad. Sin embargo, no existe argumentación este supuesto derecho a la felicidad. Por el contrario, el camino liberatorio del hombre, no puede cimentarse si no en la renuncia, el desapego, el inegoísmo y el servicio al prójimo, por lo que ---aún que parezca absurdo o incoherente--- el hombre solo tiene obligaciones y no derechos.

Todo orden social conocido se mantiene unido por un sistema de mitos como el de lograr un futuro mejor a través del acopio de bienes materiales y aumento de apegos efectivos. El poder alucinatorio de *māyā* es de tal magnitud, que la abrumadora mayoría de la humanidad lo tiene por una verdad que no admite réplica alguna. El resultado de este mito, mantiene a la humanidad sumida en el más colosal y grave error, haciendo justamente aquello que no debe hacer ni pensar. El apego, el deseo, el egoísmo, con toda la constelación de emociones negativas con las que el hombre parte en busca de su salvación son producto de las interacciones de las *gunas* [las modalidades o cualidades de la Naturaleza material] al amparo de *māyā*, mantienen hundida a la llamada humanidad en el más colosal y grave error.

Vemos, pues, que sólo el hombre necio e inmaduro puede imaginarse con derecho a ser feliz y sólo sus traumas mentales pueden encontrar argumentos para justificar tal pretensión. Por eso, *māyā* le dice, "acércate a mis garras que luego te pateare", advirtiéndole que con la felicidad debe convivir la infelicidad; con el bien el mal; con las risas, las lagrimas; con la vida, la muerte. Lo opuesto contiene el elemento de su propio opuesto. El hombre tiene necesariamente que comprender el problema de los opuestos, de la dualidad que lo mantiene en el temor, en la nescencia. Este mundo material es dual, y el hecho de identificarnos con nuestro cuerpo, sentidos y *mente*, y con la vida que llevamos, creamos la dualidad psicológica y de esta se deriva el conflicto y el sufrimiento. La raíz del opuesto está en el propio opuesto. Todo lo que se resiste, persiste, esta es una ley axiomática producto de *māyā*.

Este maravilloso milagro que es la vida consiente, producto de inverosímiles *azares* e inconcebibles coyunturas, ¿es en verdad inexistente? No parece cauto admitirlo. Los *Vedas* destacan el portentoso prodigio de la existencia y el estupendo fenómeno de lograr un nacimiento como ser humano. "Hay tres cosas" ---dicen--- que en verdad son excepcionales y que sólo se logran por la misericordia sin causa de la Causa de todas las causas de lo que es, era y será, *Sri Krishna*: el nacimiento humano, a los seres vivientes se les dificulta nacer como humano (nacer cuesta trabajo), es mucho muy difícil adquirir un cuerpo humano. La vida humana se alcanza después de evolucionar por muchos millones de años a través de 8,400.000 especies de vida diferentes ---la vida comienza con los seres acuáticos---, luego llegar a ser un hombre íntegro, honesto, sabio. Lo más difícil de alcanzar es la iluminación. Alcanzar la iluminación es traspasar lo humano, ganar un nivel muy por encima de la comprensión terrena: la trascendencia. Podemos decir que la enorme distancia cualitativa que obviamente existe entre un mineral y un denominado ser humano, resulta insignificante comparado con un semidios.

De una cosa estamos seguros: ante nosotros, en forma perentoria y conminante, con la solidez del axioma se afirma un orden palpitante de seres, cosas y fenómenos. Y en él, el hombre consciente, ese extraño ser, mezcla de *ángel* y bestia, de frágil y singular destino, capaz de disfrutar de los más puros y sublimes ensueños, como de padecer los más aberrantes delirios; de abrigar en su corazón la más limpia y profunda fe, como de hundirse en un ciego fanatismo; es tejer, en fin, en su cerebro, las más agudas y lógicas concepciones metafísicas, como de urdir las aberraciones mas diabólicas. ¿Este hombre y su Universo son irreales e inexistentes en términos absolutos? ---tal vez fuese de una sabiduría tajante y radical afirmar como **Budha** y **Samkaracarya** la inexistencia del Universo; pero para la filosofía *vedanta*, no cuadra sino atender a la sensible naturaleza del ser humano y su capacidad de comprender y discernir, harto limitada; por eso trata de ponerse en una zona paralela de la existencia y de la inexistencia y esa zona paralela no es otra cosa que *māyā*.

**Krishna** mismo alude en El **Bhagavad-gita** [la esencia de todo el conocimiento **Védico** y uno de los 108 **Upanishads** ---evangelios metafísicos muy profundos más importante de la Cultura **Védica**] al "pantano de la ilusión", al "ilusorio misterio creado por Mi único poder" a la engañosa naturaleza de monstruos y demonios", a las "diversas fantasías", a la "red del engaño", a la "ilusión nacida de la ignorancia". Todas estas son referencias claras a esta eterna y máxima sentencia de El mismo **Gitopanishad**. No se le puede dar al vocablo *māyā* el sentido de total ilusión, de absoluta alucinación, de vano ensueño; es verdad que somos un minúsculo y desvanecido evento en la pesada cuenta de los **kalpas** (un **kalpa** equivale a 4,320,000 millones de años solares), que flota en la inmensidad insondable de la Manifestación Cósmica; por ello tiene significación, valor y entidad para nosotros: algo somos y algo es el mundo que nos circunda.

En Occidente, se tiene generalmente desdeñosa opinión del hombre de Oriente. Suele pensársele incapaz de encarar como en Occidente, la realidad de la vida con objetividad y practicidad y por consiguiente, se presume que el hombre oriental sólo es capaz de ver en la existencia, el desvanecido reflejo de una ilusión, la fina tela de una mágica apariencia. Pero no es así, su concepción del orbe *mayico*, no difiere mayormente de la que tiene hoy la física moderna. Los actuales científicos, entre ellos algunos (premios novel de física) tienen a su disposición una gran cantidad de exposiciones sumamente técnicas (mecánica cuántica, teoría de la relatividad, mecánica de las matrices y principio de indeterminación) para llegar a considerar el Universo como una fantasmagoría de esencia espiritual. ¿Existe el mundo? ¿No será una ilusión el mundo? La base de estas interrogantes inquietantes se encuentran en un modelo basamental de la física moderna.

David Bhom uno de los más grandes científicos occidentales ---discípulo más íntimo de Albert Einstein--- y ferviente admirador de la Ciencia *Védica*, hace notar a menudo que la misma raíz lingüística formó las palabras *māyā* y 'metro' (medida en griego). Por lo que esto significa que: la *mente* al estar midiendo, comparando, aceptando, condenando, juzgando, reprobando, optando, evaluando, censurando, aprobando —yo soy esto, seré aquello, seré mejor; esto es bueno lo adoptare; esto es malo, etc.— lo cual es una forma de medida. La palabra 'mejor' implica medida. Compararse uno con otro es medir. Vivimos a base de medida, siempre comparamos, optamos, censuramos. Nuestro cerebro está condicionado para medir y esto es *māyā*.

Muchos hombres de ciencia no solamente se han sentido atraídos por las visiones de Oriente, sino que dentro de sus propios descubrimientos se han encontrado asombrosos paralelismos y convergencias con Los *Vedas*. Para la sabiduría --*védica*--, todas las cosas y los acontecimientos percibidos por los sentidos están interrelacionados, conectados, y no son otra cosa que aspectos o manifestaciones diferentes de una misma realidad última. Nuestras tendencias de dividir el mundo que percibimos en

'cosas' individuales y separadas y a vivenciarnos como un yo aislado de
este mundo, es considerada una ilusión, **es una ilusión** proveniente de la
tendencia de nuestra mentalidad a medir y a categorizar.

Compendiando, ya que la historia de la física [clásica, cuántica,
relativista…] es muy compleja, destacaremos la labor del doctor David
Bohm en Occidente, como principalmente la importantísima y colosal
aportación de uno de los más grandes sabios místicos–científicos que
ha aportado la India milenaria: ***Srila Bhaktivedanta Swami Srila
Prabhupada***i, al revelar la Ciencia Holística Integrativa ---que Los ***Vedas***
exponen--- que es el Campo Unificado de Información de la Totalidad
del Orden Implicado de la Manifestación Cósmica. Esto comprende: que
detrás del orden desplegado de la Naturaleza material como de la Mente
Universal, existe un orden implicado armónico y una simetría tan perfecta
que determinan un orden de tal magnitud que va más allá del orden que
vemos.

Esta Ciencia Holística Integrativa, no es otra cosa que el acercamiento
holístico integrativo al gran problema de la percepción de la realidad,
pues la *mente* no copia la realidad, no la capta, sino que la organiza
y la transforma de acuerdo a los procesos organizativos de la propia
*mente*. Esto nos demuestra que la verdad es más extraña que la ficción.
Las pruebas contundentes efectuadas por la física actual, confirman
lo que Los ***Vedas*** han venido señalando desde el *principio* de todos los
tiempos: que no solamente cada una de las innumerables partes que
conforman este Universo están conectadas entre sí y cada Universo está
conectado con todos los demás innumerables Universos que existen y que
conforman toda la Manifestación Cósmica, sino que todas innumerables
entidades vivientes conforman una sola unidad indivisible, porque nada
ni nadie está separado, dividido dentro de la energía del ***Brahmajyoti***, la
refulgencia deslumbrante omnipenetrante de la naturaleza impersonal del
Todo Absoluto, ***Sri Krishna***.

Esta Ciencia enlaza la neurología, la microbiología, la física cuántica
y demás disciplinas afines con nuestra percepción-creación de la realidad,
Una de las premisas esenciales es que resulta irrelevante preocuparse por
eventos externos. Nos guste o no, comprendamos o no, el entorno es
definido y alterado por nosotros mismos. Nosotros mismos creamos la

realidad que percibimos. La realidad es una ilusión, básicamente nada, Una mesa a simple vista parece un objeto sólido; pero más que nada está vacía. Por ejemplo: pensando que el núcleo de un átomo es una pelota de basquetbol; el primer electrón está en círculo a 20 millas de distancia. Todo lo demás lo que hay en el núcleo del átomo y el electrón es sólo vacío; de la misma forma, el objeto más denso está vacío, hasta las partículas sólidas no son partículas sólidas, son más bien ondas, son como ideas, las ideas no son más que ondas, vibraciones.

Nosotros creamos la realidad. Somos máquinas que producen realidad; tan es así, que decimos: "cada cabeza es un mundo", porque cada quien tiene su propia realidad, nada más que no nos damos cuenta que nuestra realidad es virtual, aparente, ilusoria; la inmensa mayoría de las personas no viven la **realidad**, la realidad factual. Nosotros creamos los efectos de la **realidad** todo el tiempo. Siempre que 'percibimos' algo, lo percibimos después de que se refleja en el espejo de la memoria, pero nunca apercibimos. En cuanto si vemos o no en un gran espejo holográfico, es una pregunta para la cual no tenemos una buena respuesta.

El cerebro no sabe la diferencia entre lo que está ocurriendo ahí afuera y lo que está ocurriendo dentro del cerebro. **No** existe un "ahí afuera", ahí afuera independiente, independiente de lo que ocurre aquí adentro ---dentro de mi cerebro. En realidad siempre resulta difícil poder externar la revelación que hacen Los **Vedas** sobre todo cuando estamos familiarizados con los paradigmas. Únicamente percibimos nuestro propio paradigma, con exclusión de cualquier otra cosa. Como descartamos todo lo que percibimos de fuera de él, ni siquiera conocemos su existencia. Aún así ignoramos sus características, puesto que con decir bueno, de acuerdo, estamos en un paradigma, no nos basta para ver lo que hay más allá de él. Debido a la naturaleza de nuestro paradigma estamos de acuerdo en que aquello que se puede describir es más real que lo que no se puede describir. Y lo que se puede *medir* con números, es más real todavía que lo que se puede describir verbalmente, según nuestras premisas.

La ciencia moderna ha demostrado lo que la sabiduría ha enfatizado siempre: el hombre se comporta con arreglo a su respectiva percepción. Las conexiones neurales funcionales pueden ser modificadas de manera selectiva y predecible por la estimulación ambiental, es decir, que incluso fisiológicamente, nuestra experiencia configura nuestra percepción. Pero sabemos que nuestra percepción no nos presenta el mundo tal como 'realmente' es.

De nuestros padres, de nuestra sociedad, de nuestra lengua, aprendemos a construir categorías que nos ayudan a mantener esa continuidad cotidiana. Si alguien 've' algo que los demás no ven ---y el ver no pasa de ser un mecanismo de excitación del sistema nervioso central en cuya puesta en marcha participan los ojos---, decimos que sueña o que está chiflando, o que ha perdido contacto con la realidad; porque realidad es el modelo, el consenso, el paradigma. Nuestra experiencia configura nuestra percepción y, nuestras experiencias son diferentes. Entonces ¿qué es lo real fuera? El mundo ¿está constituido verticalmente u horizontalmente? Depende del paradigma, y los paradigmas no siempre son sistemas de creencias; también los hay innatos.

'Vivencia' es la palabra *clave* en cualquier vocabulario ---el lenguaje es algo terrible, cómo es que no se ha dicho nada sobre lo que es la vivencia. Si se hubiera dicho alguna definición de la vivencia, la gente conocería la definición no la vivencia, contaría con una definición más, pero no habría vivenciado la vivencia. Por ejemplo, el dinero es el símbolo de la seguridad. No es la *vivencia* de la seguridad. Hay gente que quiere tener la vivencia de la seguridad y se dedica a apilar dinero, pero sigue sin tener la vivencia de la seguridad; son capaces de actuar como si la vivenciaran la seguridad, de comparar las cosas que *acompañan* a la seguridad, pero no han tenido una vivencia fuera de la barrera que los separa del sentimiento de seguridad.

¿Cómo se le puede decir a la gente que lo que es, es? Aunque suena absolutamente estúpido, lo que es, es, y lo que fue, fue; y lo que no es, no es. Eso no significa nada, no es nada. No se puede definir la nada porque ello supone la existencia de una definición, pero lo valioso de la enseñanza es la nada. La nada es el elemento de la transubstanciación. En el mundo material existen tan sólo dos cosas: la nada y la semántica. Nuestras concepciones modelan nuestra percepción, lo difícil que es percibir aquello para cuya designación, carecemos de palabras. El alto precio de la nada.

Toda o casi toda la *humanidad* ha sido llevada engañosamente por el lenguaje a cierta manera de percibir la realidad, y de que, quizás, al percatarse del engaño les diese otra penetración y comprensión. "Un cambio en el lenguaje puede transformar nuestra percepción del Cósmos, de la vida". Cada lenguaje recorta artificialmente y de diversas maneras el continuo fluir de la existencia, algo que los niños recrean todos los días. "La *mente* personal inferior, atrapada en un mundo amplio e inescrutable para sus métodos, se valen de su extraño don del lenguaje para tejer el velo de *māyā*, de la ilusión, para hacer un análisis provisional de la realidad y llegar a considerarlo como definitivo.

¿Cómo comunicar la experiencia, si el lenguaje es inadecuado? ¿Qué es lo verdaderamente real, el lenguaje o la experiencia? Empecemos a partir de nuestro idioma de todos los días, por ver de dónde procedemos. Percibimos el mundo desde cierto punto de vista. El sistema total del lenguaje y la percepción es una `glosa´. Reunimos en una totalidad las percepciones aisladas ---cosa que tienen que enseñarnos a hacer---; y eso que nos enseñan es aquello en lo cual todo el mundo concuerda. El mundo es un acuerdo. Los vislumbres de semànticos, lingüísticos, y filósofos nos han permitido comprender parcialmente escasos poderes del lenguaje. Nuestro paradigma o glosa está en gran medida orientado hacia los objetos, es materialismo y racional, verbal e intelectual.

En el nivel fisiológico, dicen psicólogos experimentales, todo esto lleva a que nuestra cultura se rija por el hemisferio izquierdo antes que por el hemisferio derecho, y el hemisferio izquierdo del cerebro es el que controla el análisis y el lenguaje, en tanto que el derecho dependen la música y el movimiento.

Por más que esos supuestos puedan ser ciertos, el organismo humano está dotado de una gran plasticidad o capacidad para el cambio. Un enfoque optimista le asegura al hombre que él es capaz de desarrollar y poner en uso partes de sí mismo que aún no ha usado. La meditación, la verdadera meditación, no la que se considera ligada a la creencia organizada, es un cabo suelto en su paradigma de la *humanidad*. Ahora se está tratando de atar el cabo suelto en su paradigma, y aunque la ciencia moderna esta redescubriendo algunos aspectos que Los ***Vedas*** indican, todavía la ciencia actual está muy lejos de llegar a la trascendencia: la meditación sin un meditador que esté meditando, es decir, sin el `yo´, sin el `mi´y sin "lo mio". Sin toda la parafernalia de la realidad del pensamiento condicionado.

Esto es muy difícil de comprender para nuestra cultura occidental, donde generalmente tenemos un modelo de lo que somos, de lo que vamos a hacer y reunimos tal cosa para tener o hacer tal otra y vivimos a horario. Muchas cosas no entran o no encajan en el modelo occidental, porque resultan muy difíciles de comprender a la inmensa mayoría de los autotitulados "seres humanos": la trasmigración, la ley de **karma**, el pensamiento, la realidad, lo factual, su estado condicionado, etcétera. Lo que nos hace ser desdichados es desear.

# CAPÍTULO TERCERO

El escenario en el cual se mueve el espacio del Universo no es, ciertamente el espacio mismo, sino, el Eter, el `Superespacio´. Nadie puede ser escenario para sí mismo: necesita tener un ámbito más vasto en el cual moverse. El ámbito en el que el espacio efectúa sus cambios, su crecimiento no es ni siquiera el espacio-tiempo de Einstein, porque el espacio-tiempo es la historia del espacio que cambia con el tiempo. El ámbito debe ser necesariamente más vasto, vastísimo: el Superespacio es el Eter, uno de los cinco grandes elementos densos de los que está constituida la Naturaleza material. El Eter no está dotado de tres o cuatro dimensiones; está dotado de un número *infinito* de dimensiones. Cualquier punto del Eter representa todo un mundo simétrico tridimensional; los puntos contiguos representan mundos tridimensionales diferentes.

Eter o Superespacio. Agujeros negros donde un segundo equivale a diez mil millones de nuestros años. Túneles que conducen a otro Universo. Dimensiones infinitas. Los tres *misterios*: la mente, los cuántos y el Universo. Tres entidades que ponen al margen la nítida separación entre el observador y lo observado, lo cual solía constituir el rasgo esencial de la ciencia.

Una de las leyes de la física ---el principio de indeterminación--- dice que: no se puede conocer simultáneamente la posición y velocidad de un electrón; lo único que se puede alcanzar es una probabilidad estadística. Lo que esto indica trasciende el campo de la física para afectar básicamente al punto de vista desde el cual consideramos las cosas, es decir, el observador es parte del proceso, ya que se comprueba que el observador y lo observado están unidos por un vínculo tan estrecho, tan íntimo como inesperado. El principio de los cuantos demuele la antigua opinión o crédito de que el Universo está a salvo "ahí afuera", independientemente y que lo podemos observar sin participar para nada en el proceso, en lo que en él sucede.

Esto nos demuestra que en esa medida. La observación cambia el futuro del Universo; nosotros lo cambiamos. Tenemos porque es necesario, cambiar el antiguo término 'observador' y reemplazarlo por uno nuevo: 'participante', En cierto sentido, el principio de los cuantos nos dice que tenemos que vérnosla con un universo regido por la participación. La observación del proceso se ha convertido en parte del proceso. ¿Cómo es posible que la conciencia entienda a la conciencia? En eso hay una paradoja. El mundo está lleno de paradojas para la razón, sólo progresamos a partir de paradojas. ¿Qué es realmente real? Hay dos clases de realidad; la primera es "mi propia realidad" y la segunda todo lo demás "la realidad universal o impersonal, en cuanto concepto, pertenece al segundo tipo de realidad", que es útil para la comunicación, pero cuya validez es tan sólo posible. Todo aquello que no pertenezca al primer tipo es un constructo.

Cuando se superan las limitaciones perceptivas, la **realidad** que se revela resulta sorprendente diferente de la cotidiana, que es nuestra realidad virtual, aparente. Con el nacimiento de la Ciencia *Holokinética* se ha desmoronado el dualismo físico-psicológico. Esto lo vienen señalando Las **Vedas**, la igualdad y diferencia simultáneas de la Manifestación Cósmica como una realidad factual, al gran problema de la percepción y la apercepción.

Con el despertar de la ciencia cuántica-relativista-indeterminista, se desprende lo que las disciplinas ---**Los Vedas**--- de la conciencia vienen señalando acerca del acercamiento entre el observador y lo observado, entre el conocedor y lo conocido, el pensador y el pensamiento, el *caminante* y el *camino*, el *sujeto* y el *objeto*; y nuestra conciencia más íntima. Esto es, exactamente, el discernimiento poderoso y congruente capaz de destruir dualismos; y aunque los hombres de ciencia de la física clásica no se dieron cuanta, habían empezado a levantar, sobre el dualismo cartesiano de sujeto frente a objeto, una metodología de una persistencia tal que terminaría por hacer añicos el propio dualismo sobre el cual descansaba. La física clásica estaba destinada a un proceso de autoliquidación.

Así como un cuchillo no puede cortarse, el Universo no puede verse totalmente como objeto sin mutilarse totalmente. El intento por conocer el Universo como objeto de conocimiento es, pues profunda e inextricablemente contradictorio; y cuanto mayor éxito parece tener, tanto más fracasa en realidad, tanto más "falso para sí mismo" se vuelve el Universo. Y sin embargo, por extraño que parezca, este tipo de conocimiento dualista en que el Universo queda seccionado en sujeto frente a objeto (así como en verdad frente a falsedad, bien frente a mal, etcétera) constituye la piedra angular de la filosofía, la teología, la psicología, la sociología y la ciencia de Occidente, ya que la filosofía occidental es, en términos generales, filosofía griega, y la filosofía griega es la filosofía de los dualismos.

Una de las principales razones de que este enfoque "divide y vencerás" que el dualismo haya sido tan pernicioso, es que el error del dualismo constituye la raíz de la intelección y, por consiguiente, es imposible desarraigarlo mediante la intelección que es la acción y efecto de entender. (Si tengo una mosca en el ojo, ¿cómo puedo ver que tengo una mosca en el ojo?). Detectar esto no solamente exige una metodología rigurosa, coherente y persistente, sino un discernimiento capaz de perseguir al dualismo hasta sus últimos límites para descubrir allí la falsedad de la contradicción.

En la actualidad la ciencia ofrece potencialmente un tipo de técnica rigurosa capaz de desarraigar los dualismos, gracias principalmente a su carácter minuciosamente experimental y al instrumento refinado y complejo que le permite perseguir el dualismo hasta sus límites.

Exactamente ahí reside todo el problema, para medir algo se necesita algún tipo de herramienta o instrumento, y sin embargo el electrón pesa tan poco que cualquier artilugio concebible, aunque fuera tan ligero como el fotón, sería causa de que el electrón cambiara de posición en el acto mismo de intentar medirlo. Y no se trataba de un problema técnico sino, por así decirlo, de un problema entretejido en la trama mismo del Universo. Los físicos habían llegado al borde aniquilador, y el supuesto que hasta allí los había llevado, el supuesto de que el observador era diferente del suceso, el supuesto de que se podía, con ánimo dualista, tontear con el Universo sin afectarlo, resultó insostenible. De alguna manera *misteriosa*, el sujeto y el objeto están íntimamente unidos y las múltiples teorías que habían partido de otro supuesto se venían abajo. ¡El observador es lo observado! ¡El analizador es lo analizado! ¡El pensador es el pensamiento!

La revolución cuántica fue tan cataclísmica porque no atacaba una o dos conclusiones de la física clásica, si no su piedra angular, el cimiento sobre el cual se habían construido todo el edificio, que era precisamente el dualismo sujeto-objeto. Los físicos vieron con absoluta claridad que la *medición y la verificación objetiva ya no podían ser el sello de la realidad absoluta, porque el objeto medido jamás podía ser completamente separado del sujeto que lo media; en este nivel, lo medido y lo que mide, lo verificado y lo que lo verifica, son una y la misma cosa.* El sujeto no puede tontear con el objeto, porque en última instancia, sujeto y objeto son una y la misma cosa.

Casi al mismo tiempo que el "marco rígido" del dualismo científico se desmorona en la física, surgía el tratado más increíble en su especie conocido como el "teorema de la incompletitud", y que converge con una exactitud asombrosa con lo expuesto en Los **Vedas** muchos millones de años atrás; "Tu eres eso". El **Bhagavad-gita** 5.18 [Los sabios, en virtud del *conocimiento* puro, inelectivo, verdadero, [*apauruseya*] tienen la misma visión a un manso y erudito **brahmana**, a cualquier animal, o a un paria. El no hace ninguna diferencia entre especies y castas. Pueden tener diferentes cuerpos biológicos, morfológicos, pero esas diferencias de cuerpo son en absoluto insignificantes. Los cuerpos son productos materiales de diferentes modalidades de la Naturaleza material, pero el *alma*, es cualitativamentede la misma de todas las entidades vivientes como de la Superalma [**Paramatma**], el aspecto localizado del Todo Absoluto dentro del corazón de todas las entidades vivientes, sin distinción.

El *conocimiento inelectivo* niega libremente la electividad de la *mente* porque no es de factura *mental*, porque está libre de cualquier movimiento ideacional electivo de la *mente*. El optante está confuso, el que escoge está dividiendo porque él mismo está dividido, su *mente* está divida en pensador y pensamiento, y por ende, todo lo que ve y toca lo divide en objeto y sujeto obstaculizando la percepción directa e inmediata. Porque nada ni nadie está separado.

Toda elección parte de la confusión, en consecuencia dice la sabiduría, "no optes, cesa de escoger y observa lo que ocurre, ve lo que es, lo que es no necesita ser aceptado o rechazado, comparado ni juzgado, reprobado ni condenado; el hecho está ahí para ser visto tal cual es, el hecho real, factual, el hecho desnudo sin rótulos, sin etiquetas". La percepción tiene un desarrollo lógico, no necesita de la lógica. Vemos pero no observamos, oímos pero no escuchamos. El término '*veda*' en su más pura acepción etimológica significa 'sabiduría', y la sabiduría es *conocimiento inelectivo* sin elecciones que conjuren un escape ideacional de lo existencial. Por eso es inelectivo.

La libertad respecto al lo que ya se conoce, del pasado es indispensable para comprender correctamente, implica la libertad respecto de la electividad ideacional, es decir, estar libre de lo conocido que es pasado, que es memoria, que es conocimiento ideacional que es pasado, que es memoria, que es conocimiento ideacional elegido por la *mente* condicionada y condicionadora, significa estar completamente libre de la identificación del hombre con el mundo de la ideación, la ilusión y la ficción, generado por la elección. Elegir es complacencia de los sentidos, es gratificación sensorial; el hombre al elegir se complace en la ideación en lo que él cree que es. Elegir presupone una elección entre dos o más opciones presentadas por la situación fáctica. En realidad, la situación fáctica nada presenta que no sean hechos; no opciones sino 'hechos'. ¿A caso sabemos qué es un hecho? ¿Sabemos qué es un hecho o sólo creemos que sabemos?

Vamos a tratar de simplificar esto, pues el vocablo como el que encierra el *concepto* de **māyā**, es mucho muy complejo sobre todo para el hombre común. Cuando uno se enfrenta a un hecho como por ejemplo, el desajuste social y su secuela en la vida de relación de los individuos, el desajuste social existe, *es un hecho*. Allí está, todos pueden verlo, tanto el que sufre como el que usufructúa, ambos saben que hay desajuste social, desorden, y que de él se derivan consecuencias trágicas, que ninguna *mente* sana y cuerda puede aceptar sin sentir que el corazón hierve de rebeldía por el que unos cuantos nos preocupamos en ahondar despiadadamente en la esencia de tal desajuste. Un problema que hasta hoy no han podido resolver los mejores cerebros. En la observación acrítica del hecho, de lo que es, no hay conflicto ni contradicción. Y ese hecho, si se lo deja solo, opera, no se tiene que hacer nada al respecto. El hecho mismo es el operador, no es uno el que opera sobre el hecho.

Uno de los graves errores de la educación de ayer y hoy, consiste en poseer conceptos, en llenar la *mente* de conceptos ---como si teniendo hambre, la palabra 'comida' nos satisficiera el hambre---, tratando siempre de ajustar los conceptos a las cosas. Decimos; "que un concepto es verdadero cuando lo que el concepto dice y lo que la cosa es, coinciden". Sin darnos cuenta que el concepto es un mediero, un intermediario y por lo tanto, es mediato, no inmediato; esta limitación impide traspasar el intelecto hacia la inteligencia la cual es inmediata porque no tiene tiempo, la inteligencia es activa no inactiva como el intelecto, el concepto es la mediación entre nosotros y la cosa. Las palabras no son los hechos, pero la gente se alimenta de palabras, confunde las palabras con los hechos. En nuestro estado condicionado, nuestro conocimiento de las cosas es mediato, nunca inmediato, es decir, tiene relativa proximidad en tiempo, espacio y calidad, y siendo el concepto mediato, es la mediación e intermediario entre nosotros y la cosa, jamás es la cosa, el hecho, la realidad factual.

De la misma manera en que el diamante no puede separarse de sus cualidades, el sentimiento de envidia, de codicia, de celos, temor, placer, dolor; no pueden separarse del experimentador, aunque existe una división ilusoria que engendra conflicto. Sólo la verdad es la que libera, y no nuestro deseo de ser libre. El deseo y el esfuerzo para ser libre son un obstáculo, un estorbo para liberación. La comprensión de la *mente* es el comienzo de la liberación.

Conocerse uno mismo no significa "yo me conozco". ¿Qué puedo conocer 'yo' en 'mi'? Ni soy 'yo' el que pueda conocerse ni hay un 'mi' al que pueda 'yo' conocer. Si el estado psicológico en que vivo es dentro del 'yo', es imposible que me pueda conocer yo mismo, porque si estoy aislado, si vivo aislado en mi actividad egocéntrica del pensamiento personal del 'yo', no es posible una investigación en la que participe el 'investigador' que es lo investigado, que es la verdadera investigación. La investigación aparece con el sentimiento de responsabilidad porque ese sentimiento es la semilla del ser humano.

El conocerme a mí mismo es, en primer lugar, descubrir todas las tretas del pensamiento. Y si en la investigación se mezcla el pensamiento psicológico personal, no puedo *conocerme*, estoy perdido. Sólo conoceré las imágenes que el pensamiento proyecta en la pantalla de la conciencia, pero lo peor de todo es que *no lo veré así*, y tomaré como real lo ilusorio, porque yo estaré viendo lo que 'yo' proyecto. Y como ahí sólo habrá "yo" y ninguna otra cosa, *eso será lo real*, y afirmaré con absoluta certidumbre que me conozco, que he llegado al fondo de mi inconsciente (o el que el analista ha llegado) que lo se todo acerca de mí. Y el pensamiento seguirá engordando a costas del *ser humano*, el engorda cuando sufre, cuando goza, cuando gana, cuando pierde, cuando ambiciona, cuando triunfa, cuando fracasa, el engorda, engorda siempre. Pero a mí [así es el lenguaje, uno tiene que decir a mí, gramaticalmente, como un enunciado nada más] me interesa conocerme como ser humano...

La vida es acción y la acción está siempre en el presente, cuando esta relación se establece por intermedio del pensamiento psicológico, del "yo", del pasado, hay una absoluta incomprensión; el pasado y el presente no se encuentran **jamás** en la realidad factual, sólo se encuentran en la realidad virtual, ilusoria del tiempo psicológico. La atención puesta en *ese* **instante** es el secreto del aprender. Sólo se aprende de verdad en ese instante; pero eso si el instante es encarado sin la memoria de lo aprendido psicológicamente. Lo aprendido psicológicamente no existe como un hecho. Si interviene en la respuesta, la respuesta no es activa, porque lo aprendido ya forma parte de la memoria como conocimiento y por lo mismo forma parte de la ilusión, de *māyā*. El instante es real, es vida, es acción; lo aprendido ya está acumulado como conocimiento en las gavetas de la memoria y por ende es recuerdo psicológico —no factual--- y si interfiere en la acción, la cual no llega a ser nada más que ideación, e ilusión, *māyā*.

La *humanidad* ha tomado un rumbo totalmente equivocado a una serie interminable de conflictos y destrucciones. El origen del conflicto *humano* reside en la incapacidad del individuo para enfrentarse a lo que realmente ocurre, a aceptar el hecho, el vivir con "lo que es". Y esa incapacidad tiene su raíz en las divisiones que el 'pensamiento' introduce en la 'psiqui'. ¿Por qué hemos convertido el 'pensamiento' en algo tan desmensurado y avasallador? Es la escasa adecuación entre el pensamiento de la técnica y la realidad más profunda que comprende el involucramiento de las fuerzas psicológicas: *mente*, pensamiento, sentimiento y la voluntad.

Naturalmente, esto difícilmente la *mente* condicionada que es de la inmensa mayoría de las personas van a poder entender, menos comprender, porque va a chocar contra el modo de pensar, contra su tradición, pues su creencia está tan acentrada, tan condicionada en la que casi es imposible su aceptación, ya que el único instrumento que posee es el pensamiento y éste se deriva del pasado, del tiempo que no tiene ninguna existencia real, factual. El pasado es memoria, es el archivo del cerebro, la computadora cerebral, es conocimiento registrado en las células cerebrales, acumulando como experiencia del pasado muerto, y con el pasado muerto quiere conocer el instante que no tiene tiempo ---con lo muerto quiere conocer lo vivo, esto es el colmo de lo absurdo, esto es **kafkiano---,** el instante es atemporal., eterno, no pertenece a presente, al pasado ni al futuro que es el movimiento del cerebro. El tiempo es un movimiento, el movimiento no está separado del tiempo es una sola cosa. El pensamiento es un movimiento en el sistema nervioso, en las células cerebrales. No hay pensador separado del pensamiento. Si el pensador es distinto del pensamiento, entonces ´`el puede obrar sobre el pensamiento, controlarlo, moldearlo, y todos sabemos que esto no es así. ¿Quién controla sus pensamientos?

Ahora bien, es de lo más importante descubrir si existe una acción que no pertenezca al proceso del pensamiento, una acción que sea de la verdad ---si es que se puede expresar de esa manera---, una percepción que actúe instantáneamente, fuera del proceso analítico del pensamiento. Es importantísimo investigar esta cuestión, una cuestión que actúa instantáneamente es ver la falsedad. Es difícil dar ejemplos; uno podría ser este: Tengo un discernimiento, una percepción, una percepción del hecho de que la gente cree en Dios --esto es solamente un ejemplo. ¿Cuál es, entonces la naturaleza de mi percepción? La comprensión profunda del hecho de que Dios es una proyección de esas personas, y por consiguiente es falso. Si mantenía una creencia en Dios, ésta desaparecerá instantáneamente. Por lo tanto, no es un proceso de pensamiento, es una percepción de la verdad o falsedad. Esa acción es completa, resuelve y termina con ello.

Pero no podemos tener discernimiento a partir de un concepto. El discernimiento se encuentra más allá del cerebro, porque de otro modo no podría cambiar el cerebro. El discernimiento no es un resultado de un conocimiento progresivo, no es progresivo, no es recuerdo. No se consigue mediante ningún ejercicio de la voluntad, sucede de forma instantánea. Tampoco la química lo producirá. Hay una actividad del cerebro que actúa sin referencia a su contenido, que no está condicionado a su contenido y que puede ser la verdadera actividad del cerebro. Independientemente de que no ha sido despertado operará sobre ese contenido o a pesar del contenido. Cabría preguntar, ¿qué parte del contenido ve esto? La mente discernitiva y discriminativa, aquella que ha desarrollado sus facultades psíquicas y obtenido un elevado grado de evolución de conciencia.

El discernimiento es una energía que está más allá de cualquier concepción que pueda ser percibida por el pensamiento. Esto significa que esta energía está más allá del cerebro. El discernimiento no puede depender del proceso material que es el pensamiento, ya que entonces sería otro proceso material. El discernimiento al igual que la inteligencia no tiene causa. Como el discernimiento es sin causa, ejerce un efecto definitivo sobre lo que tiene causa, por lo tanto, no podemos tener discernimiento a partir de un concepto: el diccionario académico puede acercarnos en cuanto a tener cierta noción muy relativa, cierta perspicacia. Pero entendiéndolo literalmente, el discernimiento es una penetración muy lúcida e instantánea, profunda, directa, clara en la naturaleza esencial de las cosas, es una acción total, fuera del proceso ideacional electictivo de la *mente*.

El discernimiento cambia de hecho la naturaleza del cerebro mismo. Las modernas investigaciones científicas sobre el cerebro y el sistema nervioso, confirman realmente la afirmación de Los **Vedas** en el sentido de que el discernimiento puede transformar las células del cerebro; esto comprende que: la *mente*, está libre en esencia de la deformante propensión que es inherente al condicionamiento del cerebro, y sostienen que el discernimiento que surge en la propia atención no dirigida y sin un centro, puede transformar completamente las células cerebrales y eliminar el destructivo condicionamiento. Así, por ejemplo, hoy es bien sabido que existen sustancias en el cuerpo, las hormonas y los neurotrasmisores, que afectan fundamentalmente todo el funcionamiento del cerebro y del sistema nervioso. Estas sustancias responden, de instante en instante, a lo que una persona conoce, a lo que piensa, y a lo que todo esto significa para ella.

Siendo esto así, entonces es críticamente importante que haya esa clase de atención, y que dediquemos a este problema la misma intensidad de energía que generalmente entregamos a otras actividades de la vida que consideramos de vital interés para nosotros. Ahora ya está perfectamente bien establecido lo que Los **Vedas** sentencian: que las células y su funcionamiento son de esta manera hondamente afectadas por el conocimiento y el pensar, especialmente cuando éstos dan origen a fuertes sentimientos y pasiones. Es así completamente verosímil que el discernimiento directo, la percepción inteligente, la apercepción que debe surgir en un estado de gran pasión y energía mental, transforma las células cerebrales de un modo aún más profundo.

El discernimiento cambia de hecho la naturaleza del cerebro mismo. Cuando el discernimiento ilumina la oscuridad, entonces actúa o funciona el hombre racionalmente y con percepción y no por reglas o por razón. En otros términos: el discernimiento convierte al hombre en un auténtico ser humano, lo dota de esa cualificación de la que carece como hombre *racional*. El discernimiento es el destello de luz que hace posible la percepción lúcida; el discernimiento es por lo tanto, percepción pura y desde esa percepción, hay acción sin ideación, la cual está sustentada y la racionalidad se convierte es apercepción de orden. El discernimiento es aún más fundamental que la percepción.

El discernimiento nunca es parcial. Un artista o un científico pueden tener cierto vislumbre de discernimiento pero nunca es total. El discernimiento total ilumina por ser una energía la actividad total del cerebro, y en esta iluminación el cerebro mismo empieza a actuar de una manera totalmente diferente. ¿Cómo sucede este discernimiento? Estamos investigando y dilucidando esta cuestión de *māyā* que es la propia *mente* de todo mundo que se plantea "el cómo". El cómo tiene una causa, la paz, el amor, la inteligencia no tienen causa. El discernimiento puede darse únicamente cuando hay un destello, una luz súbita que anula no sólo la oscuridad sino el creador de la oscuridad, y el destello sólo puede surgir cuando en verdad me doy cuenta, cuando comprendo que soy la oscuridad misma, que no estoy separado de la oscuridad, yo soy eso que quiero combatir. El discernimiento elimina, termina con el conocimiento, factor causativo del condicionamiento.

Para comprender que no existe un cómo, tiene que dejar de existir el pensamiento. Para poder tener discernimiento tenemos que comprender que no existe un cómo. El cómo forma parte del condicionamiento que es pensamiento. El discernimiento no está dentro del campo del tiempo, del pensamiento, del cerebro. Preguntar ¿Cómo obtengo discernimiento? Es preguntar por un sistema, un método, una técnica, un medio. Y todos esos tienen que tener un resultado que exigen esos métodos, esos medios, pero esto no es la verdad. La verdad no está dentro de un medio, estos forman parte de nuestro condicionamiento.

Hemos dicho que existe una realidad que es creada por el pensamiento, y una **realidad** existiendo independiente de este pensamiento. Obviamente que no es un producto de nuestro propio pensamiento la Naturaleza, el árbol, las estrellas, la Tierra, etc. Sino que es una realidad existiendo independiente del pensamiento. Pero en lo que respecta a la ilusión, a lo falso, es una realidad creada por el pensamiento, ya que es algo que realmente le sucede a una persona que se halla en estado de ilusión. Para esa persona, la ilusión es algo real, ¿Por qué? Porque el cerebro de esa persona se encuentra en cierto estado de movimiento eléctrico y químico y desde su ilusión ella actúa de un modo real, de un modo distorsionado pero real. Para esa persona que se encuentra en estado de ilusión, no comprende que su ilusión, es eso, ilusión, *māyā*, para ella su ilusión es una realidad, por eso uno puede afirmar que aún lo falso es real, pero no verdadero. Por ejemplo ¿Cristo es real? Es ciertamente real en la *mente* de las personas que creen en él, en el sentido de la realidad que se halla sumamente condicionada por nuestros procesos de pensar y por nuestras tradiciones.

Podemos decir entonces, que una línea recta es verdadera, o que una máquina es verdadera como en el caso de un torno de hilar en el que hilo corre de un modo muy verdadero, deslizándose bien recto. Y podemos decir entonces que nuestro pensamiento, o nuestra conciencia es verdadera con respecto a "lo que es", si funciona rectamente, si el hombre es cuerdo y sano. De lo contrario no es verdadero, es falso. Por lo tanto, la falsedad de la conciencia no consiste solamente en una información errónea, sino que, desde el punto de vista de la realidad, ella funciona en efecto torcidamente.

Entonces, si el hombre es cuerdo, íntegro, sano, racional, su cerebro actuará siempre derecho, recto. Por lo tanto, su realidad es diferente de la realidad de un hombre cuyo hilo está torcido, un hombre que es irracional, neurótico, puede estar hasta loco y hasta entre los locos ni siquiera pueden ver la misma realidad. Los hombres por ejemplo, al franquear tan libremente sus manicomios a los supuestos locos, sólo tratan de darse mutuamente la seguridad de que ellos mismos no lo están. Si alguien ha estado alguna vez de visita en un hospital para enfermos mentales, se habrá dado cuenta, que los pacientes, tanto los más violentos y peligrosos que están enjaulados en área diferente a los que estás libres —los más o menos pacíficos---; todos están en conflicto, ¡un conflicto exagerado! Sólo que ellos se hallan dentro del hospital y nosotros nos hallamos fuera ---¿entiendes amable lector? Basta con echar un vistazo rápido, luminoso, al propio recinto de nuestra *mente* particular. Es complicarle la vida al loco al tratar de volverlo cuerdo. Pero la complicación está en la locura, no en la cordura. Esta jamás será la opinión del loco: claro, mientras no sepa que está loco. Y cuando lo sabe ya comenzó a estar cuerdo. Si digo "que soy Napoleón", esa es una realidad para mí, al igual como si digo que "soy un ser humano", también esa es una realidad para mí, pero no es verdadero, porque no me he constituido en auténtico ser humano.

El condicionamiento es una realidad, una realidad muy sólida, factual, que consiste fundamentalmente en aquello que pensamos. Como decíamos, el condicionamiento es un hecho. La realidad cotidiana no es solamente aquello acerca de lo que uno piensa, sino hasta cierto punto, la convierte en hechos. Esa es la prueba de su realidad. Y a primera vista da la impresión de que este condicionamiento es tan sólido como cualquier realidad, o quizá más sólido aun, ¿puede el pensamiento disolverlo, terminar con él? No, porque el condicionamiento es pensamiento; entonces surge la pregunta, ¿Qué lo disolverá? Volvemos al punto de partida. Vemos que sólo puede hacerlo el discernimiento. La percepción directa.

Aquí algo sucede. Cuando uno se da cuenta de que está condicionado, se ve diferente a él. Seguidamente viene la *enseñanza* y dice "no, no es así, el observador es lo observado". Si puedo darme cuenta, o tener una apercepción de que el observador es lo observado, entonces el condicionamiento empieza a disolverse. Percibir eso es el fin del condicionamiento. La verdad existe, cuando hay un darse cuenta de que el observador es lo observado. En ese instante, en ese darse cuenta ---que es la verdad--- el condicionamiento desaparece. ¿Cómo desaparece? ¿Qué se necesita para que esa estructura se desmorone? Si decimos que es una percepción de la falsedad del condicionamiento, pero uno no puede tener una percepción sin discernimiento de que algo es falso y, no obstante, seguir ahí, aceptando lo falso y viviendo en esa falsedad que es donde vive la inmensa mayoría de los autorotulados "seres humanos".

Uno quiere que todo esto opere en su vida. Uno ha aceptado la realidad virtual —sin darse cuenta del engaño— como si fuera la realidad factual, verdadera, auténtica, y vive en ella sin darse cuenta que está viviendo en el engaño más craso, una ilusión, en *māyā*; en una realidad ilusoria o en una ilusoria realidad, con sus dioses, sus hábitos, con todo eso; ahí es donde vive uno. Viene 'X', la sabiduría, y dice: "ve, la verdad es diferente de la realidad", y me lo explica. ¿Cómo apartaré de mí ese enorme peso, cómo romperé ese tremendo condicionamiento? Necesito energía para romper ese condicionamiento. ¿Llega esa energía cuando me doy cuenta que "el observador es lo observado"? Como decíamos, ¿veo de forma lógica y razonada la importancia, la necesidad de romper el condicionamiento? Veo cómo opera, la división, el conflicto y todas las otras cosas que implica. En ese instante en que uno se da cuenta de que el observador es lo observado, aparece una clase de energía **totalmente** diferente, tan diferente que elimina al observador y la cosa observada.

Por supuesto, esa energía no es de la realidad. Aunque sea la misma cosa, uno lo entiende mejor cuando dice que él "el pensador es el pensamiento". Y así es efectivamente, el pensador es el pensamiento. Ahora bien, esa energía, ¿es diferente de la energía del condicionamiento, de la actividad del condicionamiento, y de la realidad? ¿Es esa otra energía la percepción de la verdad, y de ahí que su calidad sea por completo diferente? Esa energía tiene la cualidad de ser libre, no está vinculada con el pensamiento.

Si uno está muy interesado en salir definitivamente de donde uno se encuentra, uno quiere investigarlo. Lo que 'X' dice no se basa en sistemas, métodos ni técnica alguna, porque todos ellos forman parte del condicionamiento. Lo que Los *Vedas* dicen es totalmente diferente, nuevo, inesperado, por lo menos para Occidente, a lo cual nunca se le ha concedido ni siquiera un instante de reflexión. Los *Vedas* vienen con una cesta rebosante y uno no sabe cómo recibirles. Éste ha sido realmente un gravísimo problema; para los profetas, para cada uno de los llamados iluminados, mesías, líderes. Nadie ha tenido realmente éxito en esta tarea.

Forma parte de la educación retenernos constantemente en el mundo de la realidad.

Todo mundo espera un sendero trazado en el mundo de la realidad, encontrar el *camino*; unos dicen que todos los caminos llevan a lo mismo, otros dicen que sólo su propio camino los lleva a la 'verdad', otros más dicen que no hay camino que se hace camino al andar. Todo mundo se cree con autoridad, "es así, es asado", creen que tienen la razón, que tienen la verdad. Cada quien da su propia opinión. Por qué ese afán tan desmedido de opinar. El mundo está lleno de opiniones y por lo mismo el mundo es un caos. Las opiniones no tienen ninguna validez, no es la verdad. La opinión es de gente irreflexiva, de gente necia que se conforma con trivialidades. ¿Quién es el caminante? ¿Quién dice: "soy el caminante, el que dice darse cuenta que él es el caminador, el percibidor"? El percibidor es lo percibido, él es el camino, el caminante y el caminador no están separados, son uno y la misma cosa. Sólo existe el arte de caminar.

Aquí hablamos de una clase por completo diferente de energía, de la energía de la realidad, y también que esa energía lo aclarará todo, pero podría utilizar esta realidad, operando a través de ella. Todo esto son palabras, sólo palabras, porque la educación, la civilización, la economía, mis padres, todos están ahí en la realidad. Todos los científicos, los profesores, los economistas, los políticos, los artistas, psicólogos, filósofos, religiosos y entendidos, todo mundo trabaja aquí en el mundo de la realidad, de la realidad virtual, de la realidad ilusoria, en *māyā*. Y alguien viene y dice: '¡mire!', y uno se niega a mirar. Ni siquiera es que uno rehúse hacerlo, es algo inconsciente.

Veamos, ¿existe un pensamiento que no pertenezca al mundo de la realidad? Uno podría preguntar si existe semejante pensamiento, o sea, no verbal. Pongamos un ejemplo, el de un tambor que vibra debido al vacío interior; la piel estirada del tambor actúa de forma similar al pensamiento, o sea, el pensamiento es similar a la respuesta del tambor a su vacío interno, debido a que se halla vacío retumba. La cosa material vibra, pero... ¿es la verdad nada, "ninguna cosa"? La realidad es algo, es "alguna cosa", quizá es todas las *cosas*. La verdad es "ninguna cosa". Eso es lo que la palabra 'nada' significa ---'*nething*'--- en el fondo significa. Por lo tanto, la verdad es "ausencia de cosas". Porque si no es la realidad, sólo puede ser 'nada', "ninguna cosa" y por lo tanto 'vacía'. Entendiéndose por 'vacía' "sin actividad". Básicamente sin actividad significa 'vacía'. En inglés, la raíz etimológica de 'vacía' es '*empty*', significa sin actividad, no ocupada. De manera que la enseñanza dice: "su *mente* debe estar desocupada". No debe estar ocupada por la realidad, por ***māyā***. Eso es evidente. Debe estar vacía, no debe haber en ella una sola cosa que sea producto de la realidad, producto del pensamiento; ninguna cosa. Eso es lo que significa "nada".

Sin embargo, paradójicamente, no se puede definir la nada porque ello supone la existencia de una definición, pero lo valioso de la enseñanza es la nada. La nada es el elemento de transubstanciación. Cuanto más grande es el ego tanto más grande es la presunción. Cuanto mayor es la pobreza interna, mayor es la ostentación. Sin la riqueza interna las cosas del mundo adquirieron una importancia extravagante que conducen a varias formas de destrucción y miseria.

A uno no se le puede considerar que es un ser humano a menos que despierte y llegue a esa posición de hacerse preguntas acerca de su naturaleza y su constitución; de su sufrimiento, a menos que se de cuenta de que no quiere sufrir, sino que, por el contrario, quiere buscarle la solución a todos sus problemas y sufrimientos a los que ***māyā*** les acuerda un estado de gozo. Lo humano empieza cuando esa clase de indagación se despierta en la *mente* de uno. Todas las actividades del "ser humano" deben considerarse un fracaso a menos que éste indague cuál es su posición constitucional en relación con la Totalidad Absoluta. Por lo tanto, aquellos que empiecen por preguntarse que hacen aquí, de donde vienen y a dónde se irán después de abandonar su cuerpo, son inquisidores idóneos.

Cuando estamos condicionados por lo material, se nos llama condicionados, **estámos condicionados**. La conciencia falsa se exhibe bajo la impresión de que "*yo* soy un producto de la Naturaleza material". Eso ---es ***māyā***--- eso es ego falso. Aquel que está absorto en pensar en concepciones corporales jamás podrá entender su situación. Uno debe liberarse del concepto corporal de la vida, ese es la primera actividad del trascendentalista, es decir, aquel que desea liberarse de lo material, que es temporal y causal. Aquel que quiere ser libre, que quiere liberarse, debe primero que todo aprender que no es este cuerpo material, que este cuerpo está constituido de todo tipo de impurezas: Carne, huesos, grasa, sangre, etcétera. Todo un conglomerado de moléculas que sirven de vehículo a cierta modalidad de energía que las vitalizan. Cuando esa energía ---*alma*--- abandona el cuerpo, las células se disgregan en vez de agregarse como antes manifestándose la actividad inversa; la unificante fuerza que las mantenía unidas retira su poder; y todo esto es ***māyā***.

Es el temor de no ser nada que impide conocerte a sí mismo; darse cuenta que el 'yo' no existe, que soy nada, es una vacuidad, es como un punto que tiene posición pero carece de magnitud. Es evidente por sí mismo que las cosas son lo que pensamos acerca de ellas, luego hemos de decir que la *mente* no debe pensar en nada. Lo cual significa que el pensamiento no puede pensar acerca del vacío, pues eso lo convertiría en una cosa.

La tradición dice que uno puede llegar a ello, pero cualquier cosa a la que uno llega requiere que exista un sendero trazado en el campo de la realidad. ¿Se comprende todo esto? Uno debe ver que la *mente* debe estar desocupada, pero ¿Cuál es el instrumento con el que va a ver? El discernimiento. La *mente* siempre está ocupada con la propaganda, con la tradición, con lo que la gente ha dicho o no dicho, etc. La *mente* tiene que estar desocupada para que advenga esa energía, porque nada debe residir en ella, que debe ser una casa vacía. ¿Cuál es la acción de esa vacuidad en la vida de uno? Porque uno tiene que vivir forzosamente aquí; no se por qué, pero tiene uno que vivir aquí. Uno quiere descubrir si esa acción de la vacuidad es diferente de la otra acción. Debe serlo, tiene que serlo, de hecho, es diferente, pero tengo que descubrirlo por mi propia cuenta y riesgo, y por lo tanto, ¿Cómo he de vaciar la *mente* del contenido que integra la conciencia? ¿Cómo se ha de vaciar ese contenido? El contenido es la realidad, la conciencia es la realidad, forma toda la estructura de la sociedad. No es simplemente ser consiente de la realidad.

Los contenidos de la conciencia forman la conciencia, sin los contenidos la conciencia no existe, sin los contenidos la realidad no existe. La conciencia es la realidad. El uso común de la palabra 'contenido' es muy diferente. Si uno dice que el contenido de un vaso es el agua, el vaso es una cosa y el agua es otra. La conciencia está compuesta de todo lo que ella ha registrado; creencias, dogmas, rituales, temores, placeres, sufrimientos. Ahora, si todo eso estuviera ausente, ¿habría conciencia? Naturalmente. Pero la conciencia que conocemos es todo eso. Ahora bien, ¿cómo ha de vaciarse ese contenido, de manera que deje de ser la realidad, de forma que sea nada, que sea "ninguna cosa"? ¿Cómo se hace eso? La cuestión es que no hay 'como' porque la misma palabra 'cómo', significa realidad, pensamiento y todo eso.

Estamos escudriñando muy profundamente en el 'como', que es el problema en su autenticidad existencial, del "cómo le hago". El primer lugar, en el 'como' implica que la *mente* está buscando una norma, un molde. Nuestra educación consiste en fórmulas y conclusiones. El 'como' es la demanda de una fórmula, y las fórmulas no pueden resolver el problema. El 'como' es una nueva manera de adquirir, y nosotros no estamos interesados en adquirir nada, sino todo lo contrario, en deshacernos de todo conocimiento. Estamos interesados en la comprensión de este vasto problema. La comprensión no es un don reservado a unos pocos, sino que adviene a los que son serios en su *autoconocimiento*.

La comparación no tiene comprensión; la comparación es otra forma de distracción como el juicio de evasión. Para que la verdad sea, la *mente* tiene que estar ausente, es decir, tiene que estar sin medir, comparar, evaluar, sin optar, etc., Cuando la *mente* está comparando, evaluando, no está quieta, está ocupada con sus contenidos. Una *mente* ocupada es incapaz de percibir ---que decir de apercibir—aquello que es. En segundo lugar, esa conciencia no puede comprender o incluir en sí a la verdad, tampoco esa conciencia puede ir hacia la verdad. Puede tener una percepción con respecto a la falsedad de esta conciencia, percibir que esta conciencia es falsa en el sentido de que no funciona de un modo verdadero. Y no funciona de un modo verdadero a causa de su contenido confuso, es contradictoria.

Mientras estemos tratando de conseguir algo, de lograr o eludir algo, estaré interesado en mí mismo. La consecución de un fin es en verdad autointerés; es una forma de gratificar los sentidos, es complacencia sensorial, abierta o refinada, y la complacencia o gratificación de los sentidos, no nos hace ser serios, y como dijimos, no estamos interesados absolutamente en nada, sino en deshacernos de todo el contenido de la conciencia condicionada y condicionadora.

Para llegar a iluminar el cerebro no hay 'cómo', para tener discernimiento de cómo ocurre, es necesario comprender perfectamente bien, que el pensamiento no puede comprender, y con esto, no puede dar por sí solo el pensamiento, porque el pensamiento únicamente existe por los datos preexistentes acumulados en el archivo que es la memoria, sin datos, sin memoria ¿habría pensamiento, palabras? Por supuesto que no, y a esto no puede llegar el pensamiento, el pensamiento llega únicamente hasta el límite que le fija la energía que lo utiliza.

Como toda nuestra vida es causalidad, el inmenso conglomerado de la *humanidad* cree que absolutamente todo tiene una causa. El 'cómo' no es asunto de fe, no es un asunto de cambiar un patrón por otro. De modo que uno queda sin ninguna dirección, sin ningún instrumento que pueda penetrar en esto, salvo que cuando me formulan la pregunta me dan a entender que hay algo más allá del cerebro. Uno no lo sabe. La afirmación misma implica que ese algo, lo único que puede ser es un discernimiento que se encuentra de alguna manera más allá del cerebro porque de otro modo no podría cambiar el cerebro.

Entonces ¿cómo se ha de captar eso? No lo puede uno captar… ¿Cómo sucederá eso, ese algo no material que pueda afectar la materia? El esclarecer esto, haría más claro el sentido de la interrogante, de otra manera resulta absolutamente incomprensible. Aquí tenemos que ser sumamente cuidadosos; si somos completamente racionales, es porque hay discernimiento total. Ese discernimiento usa el pensamiento como una herramienta para manifestarse y entonces éste ---el pensamiento— es racional y por lo tanto, ya no es memoria. Es decir, siendo el pensamiento limitado, divisivo, incompleto, nunca puede ser racional, normal.

No hay tal 'cómo', si le muestro 'cómo' estoy de vuelta en lo mismo, en la oscuridad. El significado de la vida sólo puede surgir cuando no hay un 'cómo', es decir, cuando la oscuridad de la ignorancia se disipa. El 'cómo' implica una causa. El amor no tiene causa, la paz no tiene causa. La pregunta acerca de cómo puedo cambiar y cómo hacerle, es una pregunta errónea. No hay cómo. ¿Hace falta un milagro? ¿Cómo alguien puede hacer un milagro en un hombre que vive dentro de esta conciencia, que es su propio contenido? Lo que estamos tratando de averiguar es si existe una acción que pueda disolver todo el contenido. No hay tal cosa como "conciencia de la **realidad**", la **realidad** es prescindente de lo que el hombre piensa, siente o hace, la conciencia es la realidad. Esa es la diferencia.

Generalmente se entiende que la conciencia refleja la realidad. Pero la conciencia **es** la realidad. El contenido de la conciencia, de nuestra conciencia, constituye la conciencia misma; o sea, la conciencia incluye el pensamiento, el sentimiento, el propósito, las aspiraciones, los recuerdos, las creencias, los dogmas, las ideologías, los rituales que uno practica. La totalidad de ello, como la computadora, que ha sido programada y recuerda su programa, eso es lo conciencia, y el hombre está tan identificado, tan condicionado que él es eso, la conciencia. Esto, obviamente requiere de una investigación constante, de un estudio serio y definido por un mismo y en uno mismo para adquirir comprensión.

Veamos como la conciencia distorsiona la factual, el hecho. Por ejemplo, tenemos la realidad de una mesa en nuestra mente y, quizá lo que vemos de hecho sea la consecuencia de esa realidad. Las pruebas contundentes de la física actual comprueban las acertaciones *védicas*. Ciertos experimentos científicos demostraron que si tomamos un sujeto y conectamos su cerebro a una tomografía o a tecnología computada y le pedimos que mire determinado objeto, se observa que determinadas zonas del cerebro se iluminan. Luego se le pidió al sujeto que cerrara los ojos y que imaginara ese mismo objeto. Y cuando imaginó ese mismo objeto causó que las mismas zonas del cerebro se iluminaran, como si de hecho estuviera mirándolo visualmente. Esto provoca la pregunta ¿quién ve entonces? ¿El cerebro ve o los ojos ven? ¿Y qué es realidad? ¿Es realidad lo que estoy viendo con nuestro cerebro o es realidad lo que estoy viendo con mis ojos? Y la verdad es que el cerebro no reconoce la diferencia entre lo que ve en su medio ambiente y lo que recuerda, porque las mismas redes neuronales específicas están disparando. Entonces se formula la pregunta: ¿qué es la realidad?

Observando el problema de la unidad esencial de todas las cosas a escala psicológica o individual, tomando el hecho de la visión: ¿Cómo se opera el maravilloso fenómeno de la visión cuando uno está mirando? ¿Qué elementos se necesitan para completar su complicadísimo proceso sutil? En primer lugar los ojos, las sensaciones del exterior llegan al cerebro a través de los ojos, son llevados por el nervio óptico, al cerebro. Los ojos son, en realidad, los instrumentos de la visión; si se separa el centro cerebral de los ojos, ellos seguirán donde están, abrigando en su interior las imágenes captadas, pero no habrá 'visión' en el verdadero sentido del término. Por más completo que fuera el ser humano, sin los ojos no vería; pero los ojos por sí mismos son impotentes para 'ver', de ahí que solamente son instrumentos ---cual lente de la cámara fotográfica--- del proceso de la visión. Los verdaderos órganos de la visión, son los centros nerviosos del cerebro, es decir los *indriyas*.

Los *indriyas* son herramientas sutiles de la *mente*, independientes de los instrumentos externos de los sentidos y del sistema nervioso. Funcionan activamente para alcanzar el mundo exterior y estimar el sistema nervioso y los órganos sensoriales. Con el centro óptico dañado, tampoco el hombre podrá ver, aún cuando los ojos fueran anatómicamente perfectos. Por lo tanto, detrás de los instrumentos de la visión, existe algo más sutil que son los órganos de la visión. Con el resto de los sentidos ocurre lo mismo. En contacto con el medio externo está el instrumento y detrás de él, en una dimensión más sutil, se encuentra el órgano. Pero esto no basta; aparte del instrumento y del órgano, es necesaria la actuación de la *mente* [*manas*: --- pensamiento. ---órgano interno de percepción del mundo exterior, por la vía de los sentidos].

Estamos señalando hechos, hechos que el gran conglomerado mundial de la *humanidad* no observa, y no observa por la sencilla razón de venir arrastrando un condicionamiento ancestral; condicionamiento de que pensar y como pensar que nos fue impuesto desde el mismo momento portentoso hasta nuestros días. Un ser humano verdadero, actúa conforme a las Leyes Universales. Como partes integrales de un todo, no estamos separados. Aunque la propia *mente* nos dicte lo contrario, que estamos divididos, que somos individuos, pues ella misma está dividida en pensador-pensamiento creando la dualidad psicológica, la cual no existe salvo como substrato para su propio mundo ilusorio. ¿Cómo podremos ser individuos si estamos separados, divididos? Individuo, indivisible, inseparable. Aunque el cuerpo tenga diferente color, diferente nombre, diferente estructura, diferentes facciones, diferente ideología, diferente creencia, diferente situación financiera, estatus social, etc., no estamos divididos- Y lo que es más aun, somos uno, indivisible; el cuerpo extrapola a la mente, infiere fuera de su función y por eso decimos que nuestra individualidad consiste en estar separados como individuos. La conciencia es Universal [aunque ésta palabra se oiga fea].

Ahora bien. ¿Qué es esa conciencia? Cuando esa conciencia está contaminada, condicionada debido a la identificación con los contenidos del pensamiento, «*yo* soy" significa, "*yo* soy el disfrutador, *yo* soy el controlador, *yo* soy el experimentador, *yo* soy el pensador, *yo* soy el analizador, *yo* soy y esto es mío". Este condicionamiento convierte a cada uno de los "seres humanos" en animales irracionales que luchan por sus 'yo', por 'su' familia,, por 'su' nación, por 'su' creencia', 'su' ideología, por abultar 'su' cuenta bancaria, , 'su' dios, etcétera. Así, este condicionamiento, no sólo nos vuelve egocéntricos, sino que, además, en ese egocentrismo está el proceso de aislamiento, de separación, de división, conflicto, violencia, sufrimiento. Todo eso hace imposible la convivencia, la paz, la comunión entre los hombres.

¿Acaso es un proceso más inteligente el desentrañar los misterios de la ciencia, que el descubrir y darse cuenta perfectamente del sentido de la vida? Es necesario considerar, y por cierto, muy necesario, que los motivos de la impulsión psicológica tienen sus raíces en el proceso mecánico de la *mente*. Es mecánico su funcionamiento, porque todo lo que ella puede crear es producto de la memoria, del pasado. Todo pensar es mecánico, ilusorio, mayico, porque todo pensamiento viene como una reacción, es una reacción del trasfondo de la experiencia. Y, como el pensamiento es mecánico nunca puede ser libre, porque siempre depende de la memoria, y lo que es más, la memoria depende del conocimiento acumulado como experiencia; si no hay experiencia no hay conocimiento, si no hay conocimiento no hay memoria, y si no hay memoria no existe pensamiento que es una sensación verbalizada, ¿no es así? ¿Nos damos cuenta de esto? ¡Por supuesto que no!

Se acepte o no, este mundo ilusorio es como un árbol baniano. Para aquel que se dedica a las actividades fruitivas, el árbol baniano no tiene fin. Él se la pasa errando de una rama a otra. El árbol de este mundo material no tiene fin, y para aquel que está apegado a ese árbol, no hay ninguna posibilidad de liberación de la ilusión, de *māyā*. En efecto, este mundo material, temporal y causal, se puede describir como un árbol cuyas raíces están hacia arriba y cuyas ramas están hacia abajo. Nosotros tenemos experiencia de un árbol cuyas raíces están hacia abajo. Si uno se para en la orilla de un estanque, puede ver que los árboles que están ahí en la orilla, se reflejan al revés. Las ramas van hacia abajo y la raíces hacia arriba. De modo similar, este mundo material no es más que una sombra de la realidad. En la sombra no hay realidad o sustancia. En el desierto no hay agua, pero el espejismo indica que si hay una cosa tal. En el mundo material no hay agua, no hay felicidad; el agua auténtica de la felicidad verdadera se encuentra en el mundo espiritual.

Obviamente, de esto, casi nadie puede percatarse, apercibirlo, como para preocuparse por ello. La apercepción es una realidad aparte de la percepción, es tan extraña, tan diferente del mundo que se conoce como marginal a la Realidad Holokinética.

La ciencia moderna, ha llegado actualmente a conclusiones que los grandes *sadhus védicos*, vienen sosteniendo millones de años atrás. Hemos llegado a que la diferencia entre partícula y honda no está clara. Depende de cómo uno observa una cosa a la otra; unas veces es honda otras veces es partícula. La relación honda partícula depende del observador. *Māyā* depende de que esta realidad que vemos, si nos ponemos a mirarla y analizarla con microscopio electrónico, nos damos cuenta de unas similitudes muy extrañas entre un átomo y un sistema solar, entre un pluster y una molécula, y partiendo de que sólo vemos menos del uno por ciento de la materia, partiendo de que sólo vemos lo que refleja la luz, es decir, esas tres dimensiones: alto, ancho, largo; pero existen innumerables dimensiones, infinitas, pues hay mas espacio vacío que materia en sí, con la cual nos damos cuenta que: 1] No es el Universo, no es lo material lo que realmente pensamos que existimos sino mucho más, y 2] todo lo que dentro de esa materia interestelar si pudiéramos acercarnos quizá veríamos cosas que se nos escapan como un electrón o un protón pueden ser un mundo perfectamente y un átomo un sol; y todo eso es *māyā*.

# CAPÍTULO CUARTO

Siempre se hace prudente repetir las cuestiones ya exhibidas, a fin de quede dentro de un marco lo más transparente posible. Esta *māyā* o esta sombra de lo que realmente es la vida en sí o en el Universo en sí. Hay cosas que se proyectan en el mundo material después de haberlas imaginado y así en fin de cuentas estamos hechos con la misma materia que un pensamiento y sabemos que los pensamientos pavimentan el mundo de la realidad por lo que somos una consecuencia o una sombra del mundo de la realidad, de lo que realmente es la realidad.. Por lo tanto estamos en una matrix, es una ilusión, en *māyā*. Estamos en un mundo dual, donde la dualidad es la que rige, el blanco y el negro, el bien y el mal. Hay grupos que trabajan para el lado oscuro que está contra la evolución y entre más oscuro esté más tardaremos en despertar de la ilusión, de *māyā*.

Puede uno ver que sería más inteligente, completamente libre, completamente seguro y por supuesto totalmente descondiconado. Pero cuando '**X**', el orador dice: "seguridad completa", siempre surge la pregunta: ¿es completa? ¡Es completa psicológicamente! Esa sensación de completa seguridad, interna, le mueve a hacer lo correcto en el mundo de la realidad. El ser completamente inteligente le da toda la seguridad posible, pero eso no garantiza que nada vaya a sucederle.

De acuerdo a la Real Académia Española, el término en una calle oscurailusión proviene del latín 'ilusionis' que a su ves proviene del *sanskrit* que significa '*māyā*', lo que no es, lo que no existe. 1] Un concepto, una imagen o representación sin verdadera realidad, sugeridas por una imagen, por la imaginación o causadas por engaño de los sentidos. 2] Esperanza cuyo cumplimiento parece atractivo. 3] Ironía viva y picante. El término ilusión se refiere a una percepción o interpretación

---en este aspecto podemos afirmar que no existen buenas o malas interpretaciones, solo existen interpretaciones, y estas se dan cuando las cosas no se entienden o no son claras---, no a una percatación en su autenticidad existencial. Por ejemplo de escasa claridad perceptiva y un estado emocionado, interpretar una sombra en una calle oscura como si fuera una persona. Este tipo de interpretación se define 'ilusión' como el resultado de la combinación de escasa claridad perceptiva y un estado emocional intenso por lo que no se puede apercibir en su verdadera percatación. Otro tipo de ilusión son las conocidas como ilusiones ópticas y las pareidalias; pero esto ya es otra cosa, aunque no deja de ser *māyā*.

El termino ilusión a menudo se confunde con el de alucinación, habiendo entre ellos una gran diferencia. La alucinación se produce en ausencia de un estímulo, mientras que la ilusión requiere de un estímulo real pero que será distorsionado por lo que no es verdadero. Por ejemplo, una alucinación auditiva pudiendo consistir en escuchar voces sin que alguien haya dicho algo, mientras que la ilusión sería oír voces reales pero escuchar palabras diferentes a las que se están pronunciando. Es de lo más común que cualquier persona experimente ilusiones al creer en su condicionamiento, sólo cree que cree, cree en lo que quiere creer, o sea, vive dentro de un estado de ilusión patológico, creyendo que ella es el cuerpo. Esa enfermedad no la puede detectar puesto que el gran e inmenso conglomerado mundial está igual de enfermo que ella o peor aún, está grave, en una psicosis e ideas delirantes. Cualquier creencia es patológica pues es un proceso o resultado de una enfermedad denominada 'yo' que es *māyā*.

La enfermedad más grave de la autodenominad *humanidad*, se denomina 'yo', el 'yo' es mátrix, es *māyā*,Vivimos en un mundo que fue puesto ante nuestros ojos para ocultarnos la verdad. Este mundo en el que creemos vivir no es más que una simulación virtual a la que se encuentra conectado mediante un cable enchufado a su cerebro. Los más de siete mil millones de personas que viven [conectadas] a nuestro alrededor están siendo cultivadas del mismo modo para poder darle energía a la máquina. La realidad que nosotros vemos: nuestras posesiones, nuestro trabajo, nuestras profesiones, nuestra casa, nuestro día a día, es una ilusión; todo lo que vemos, todo lo que oímos, todo lo que olemos, todo absolutamente todo forma parte de un gran simulacro en la cual han integrado a los espíritus del ser humano o a la esencia dentro de esta masa compuesta de carne, grasa, huesos, sangre, etc., etc. Una especie de funda en la que tenemos que vivir, reír, llorar, sufrir, etc. Matrix o *māyā*, no solamente es un término muy antiguo sino eterno pues existe creación tras creación.

*Māyā* es el señor de la ilusión, en esa ilusión en que nos han integrado en estos cuerpos materiales temporales, que pensamos que son reales, dentro de un mundo que pensamos que es real y de todas esas cosas que creemos que son importantes cuando en realidad todo obedece a esa ilusión llamada realidad creada por esta entidad que por cierto, está considerada malisma que produce la ilusión dentro de la *mente*. *Māyā* es la condición ilusoria de todo cuanto surge de un pensamiento que no está al servicio de la inteligencia, por lo que no marcha paralelo a la inteligencia. Esta condición ilusoria que incluye, como característica fundamental, la absoluta incapacidad de verse como ilusoria. O sea, esta característica consiste en *no* darse cuenta que no se da uno cuenta de la realidad virtual que es la vida del hombre, pues da como un hecho absoluto e incuestionable, su realidad constituida por *māyā* que es la herencia, la educación, ideales y experiencias con que forma su recinto psicológico que lo gobierna. Esta pequeña *mente* mezquina, lucrativa, adquisitiva, consumista, acumulativa, mercantilista, lujuriosa, ávida de éxito, de fama, dinero y poder, condicionada, nunca jamás podrá imaginar la dimensión en que vive una mente libre.

En verdad los problemas de la *humanidad*, de todo ser sensitivo condicionado son por sus propias proyecciones mentales, por sus estados mentales, por las fuerzas psicológicas que lo dominan y gobiernan. La *mente* es la fuente de la felicidad o del sufrimiento. A menos que el hombre no encuentre el auténtico factor causativo de la satisfacción interna, el bienestar interior, la libertad de la esclavitud de *māyā*, no habrá forma de hallar la paz, y la paz es el *camino*; no existe camino hacia la paz, el hombre debe dejar de buscar el camino hacia la paz, no hay tal camino, cuando el hombre deje de buscar ---"el cómo le hago"--- métodos, técnicas, sistemas para lograr la paz, ella advendrá, ella se manifestará. Ella es la que se da. El buscador es lo buscado, no existe un buscador, él tiene que dejar de buscar; él es el buscador y lo buscado, no están separados, como tampoco el pensador y el pensamiento, el analizador y lo analizado, el experimentador y lo experimentado. El hombre que busca la paz jamás la encontrará, debe dejar de buscar, debe darse cuenta que si busca la paz es porque ya la conoce de otro modo cómo la reconocerá, el reconocimiento implica un conocimiento previo del objeto de búsqueda, de no ser así, todo es *māyā*.

Mientras el hombre no se perfile hacia lo que efectivamente sucede, hacia lo que efectivamente hace y percibe, su mente no podrá superar la ilusión. El mundo de hoy necesita forzosamente y urgentemente una revolución psíquica individual, una revolución en las capas más profundas de la conciencia. A menos que sea purgada nuestra propia *mente*, la humanidad no podrá sacar provecho en el verdadero sentido de los objetos del mundo material ni de los valores de éste, por mucho que se esfuerce en ello. Mientras se busque desesperadamente el beneficio exterior, la gente interiormente nota un gran vacío. Lo exterior no puede satisfacer en ningún caso en forma plena el mundo interior. Toda esto es una creación de nuestra propia *mente* y por lo mismo ilusoria, *māyā*.

Percibir y concebir son dos cosas totalmente diferentes. Ahora estamos concibiendo no percibiendo. La concepción, el concepto no es un hecho. La percepción es un hecho. ¡Ah! Pero que sumamente difícil resulta darnos cuenta de que no hay percepción en nuestro diario vivir, todo lo basamos en conceptos, en ideas, en lo que creemos que es, o "debería ser", el hubiera sido; y esto es de lo mas importante para el hombre común que el mismo hecho, de lo que es, de la realidad, de lo factual.

Ahora bien, los que hemos llegado a percibir, ¿cómo nos damos cuenta de nuestra percepción, cuál es la calidad de esta percepción? ¿Cuál es el elemento o instrumento que se da cuenta, que juzga, que evalúa? Es decir, ¿cuál es la cualidad y naturaleza de la *mente* que se percata del hecho, de la **realidad**?

Obviamente para poder darnos cuenta de todo esto, tenemos que vivenciar la **realidad**. Esto es un hecho, pero uno no puede decir esto, si no ha sido vivenciado, *experimentado*. Esto no se puede comprender ni verbal ni intelectualmente, porque la comprensión no pertenece al campo intelectual, del tiempo; la comprensión es acción no ideación, sólo apercepción, tener conciencia de que se está percibiendo. La apercepción es el saber de la percepción; la percepción que nace de la observación acrítica, pura sin la intervención del engaño del pensamiento. Por supuesto que existen *percepciones* inconscientes que por lo regular sucede así en casi toda la gente. Sólo unas cuantas personas con la conciencia descondicionada son las únicas que en su percatación existe apercepción. La inmensa mayoría del conglomerado mundial *percibe* sin apercibir.

Es asombroso, curioso como en nuestra vida psíquica tan desenvuelta tenemos percepciones sin conciencia a cada momento: *percibiendo* sin apercibir que percibimos. Tenemos 'percepciones' y no apercepción de ello, ¿por qué es ello así? Porque todo mundo se halla atrapado en la concepción, en el concepto, en el tiempo que es pensamiento. Tiene que romperse la simultaneidad y el tiempo. Si todo el tiempo está constituido en el ahora --y lo está-- no hay movimiento, lo que soy ahora es lo que seré mañana. El presente determina el futuro, de modo que mañana es hoy. Sin embargo, uno no puede decir que todo el tiempo es ahora si eso no constituye una **realidad** para el que lo dice.

En esta Era o época, se opera un pavoroso descenso de la calidad *humana*, ya no hay castidad en la mirada, en el pensamiento y en la conversación, la gente es pendenciera, corrupta, desobligada, egoísta, hipócrita viviendo siempre temerosa y en ansiedad. La sociedad *humana* está siendo descarriada por líderes que está ciegos; pues desconocen el verdadero propósito y objetivo de la vida humana que consiste en el restablecimiento de nuestra perdida relación con la Verdad Absoluta. Es por eso que los grandes místicos plenamente realizados, vienen expresando desde tiempo inmemorial nuestro condicionamiento psicológico con el cual permanecemos atrapados e impedidos para superar las modalidades o cualidades de la Naturaleza material, la cual esta constituida por la ilusión de llegar a ser mejor porque uno está tratando de serlo, la cual implica tiempo, y el tiempo psicológicamente es inexistente a excepción de las manecillas del reloj. El tiempo que no se mide por el reloj es invento de la memoria y por lo mismo, inexistente y esto es *māyā*. Es el pensamiento el cual es el mecanismo de la *mente* y no acción, la que determina el flujo cronológico del tiempo. Si estamos impacientes el reloj no camina, si estamos entretenidos el tiempo se pasa muy rápidamente. Esto lo podemos observar ---claro, si sabemos observar--- en nosotros mismos. El tiempo es una ilusión, **māyā**, prácticamente no existe salvo si tiene uno que tomar el avión, entrar a trabajar, la salida y puesta del Sol, aprender un idioma, etcétera. Pero lo que se cuestiona es ¿para qué necesitamos el tiempo psicológico el cual se ha apoderado de todo mundo y les ocasiona conflicto y sufrimiento? Evidentemente el pensamiento es el culpable pues es resultado de la memoria, tanto psicológica como neurológica, neurológica es la respuesta inmediata de los sentidos a una sensación, ante un peligro, etc. El pensamiento psicológico es una reacción, un resultado, es la respuesta del recuerdo almacenado en el archivo cerebral llamado 'memoria', que es ideación y no acción. Este proceso de pensamiento es necesario en el campo del conocimiento práctico, empírico ---vamos, tecnológico. La función inherente al cerebro en sí es la de gravar, retener, asociar informaciones y derivar conclusiones. Pero esta función cuando se aísla de sus propios límites, termina por deformar su sana naturaleza ---que es lo que está sucediendo por lo general--- : no sirve ni a lo práctico ni a lo psicológico. Porque el pensamiento es siempre un instrumento y un instrumento no puede bastarse a sí mismo.

Esto que visto por primera vez puede parecer complicado porque todo lo queremos aprender por interpósita persona; es decir, estamos condicionados a adquirir conocimiento, asimilar un saber logrado por otro, o sea, cultivar la memoria. No, esto no es así. Tenemos que aprender, no adquirir conocimiento. Tenemos que aprender de nosotros mismos y por nosotros mismos a través de la observación. Observar lo que esta sucediendo en nuestro interior. Conocemos lo que se desarrolla en el exterior, pero no conocemos lo que se desarrolla en nuestro interior, Cual es nuestra función mental, qué es la mente, como funciona, cuál es el origen y naturaleza del pensar, cual es el origen y naturaleza del pensamiento, que diferencia existe entre pensar rectamente y emitir juicios acertados.

# CAPÍTULO QUINTO

Damos como un hecho absoluto, indiscutible, nuestra realidad constituida por la ilusión, esa ilusión formada para la herencia, la educación, ideales y experiencias conque llenamos nuestro recinto psicológico que nos gobierna. Nunca puede imaginar nuestra pequeña *mente* ---mezquina, adquisitiva, lucrativa, acumulativa, consumista, mercantilista, ambiciosa--- la dimensión en que vive una *mente* descondicionada fuera de la realidad construida por el pensamiento. Estamos tan condicionados que jamás se nos ocurre ni siquiera cuestionar aquello que con tal claridad nos parece que somos. Las identificaciones consensúales válidas pasan inadvertidas porque no se ponen en tela de juicio. Es más, cualquier intento de cuestionarlas puede chocar con considerables resistencias. "los intentos de despertarnos fuera de tiempo suelen ser castigados por quienes más nos aman". Por ello, a quienes **Krishna** bendiga, están dormidos. Piensan que cualquiera que se despierte, o que (…) se de cuenta de que lo que se toma por realidad es un sueño, se está volviendo loco.

Debido a la identificación que el hombre hace con los objetos de los sentidos, hace que el hombre no se percate de que la conciencia no es una cuestión de creencia, de una teoría, es más bien cosa de sentido común, es una cuestión de lógica, de ciencia. por nuestra experiencia diaria, podemos ver que este cuerpo [nuestro cuerpo] está siempre cambiando, el cuerpo , el cuerpo de ayer no es el mismo cuerpo de hoy; ni el cerebro es el mismo. La ciencia médica confirma que las células del cuerpo están cambiando. Los glóbulos de la sangre están cambiando a cada momento y tan pronto o ya no se mueve cambian, uno cambia su cuerpo. En terminología científica, puede decirse que la cualidad de la energía [el *alma*] que mueve al cuerpo, es análoga a la conservación de la energía, es decir, aunque se puede hablar de 'conservación' de la energía ya que la energía siempre existe. ; de acuerdo con la ciencia moderna, la ley de la conservación de la energía dice: que la energía no puede ser creada no destruida, lo que significa que es eterna. Se deriva de esto, entonces, que la vida es eterna, es decir, la vida no comienza al nacer ni termina al morir. El nacimiento y la muerte son únicamente dos de las faces dentro del proceso evolutivo o involutivo en la vida de todo ser viviente. La vida no es creada ni destruida, sólo queda cubierta temporalmente.

La cualidad de la energía de ser eterna es un hecho simple. El primer paso en conocer la diferencia que existe entre un cuerpo vivo y un cuerpo muerto, es que cuando alguien muere, la explicación no puede ser únicamente por síntomas. O sea, decir que el cuerpo muerto no vive no es explicar, decir que ciertos procesos ya no funcionan en el cuerpo muerto tampoco es explicación; porque eso solamente da una idea de síntomas sin explicar la causa por la cual un cuerpo deja de funcionar y se vuelve un cadaver. Un cadaver no puede protestar si se le pica, si se le insulta o si se le golpea; no tiene conciencia de lo que uno puede hacerle o decirle; en cambio, si a una persona se le toca o se le insulta, inmediatamente va a protestar porque está consciente. Es una cosa muy sencilla, pero al inmenso conglomrao mundial de la sociedad encuentra muy difícil entenderlo. Esto nos indica, que hay dos cosas: una es el cuerpo, y la otra es la fuerza viviente manifestada por medio de la conciencia. La energía 'alma' está distribuida en todo el cuerpo. El cuerpo vivo está consciente de los dolores y placeres. El cuerpo muerte ---por la ausencia del 'alma', no puede ya reaccionar al dolor ni al placer. ¿Por qué a la gente se le hace tan difícil entender algo tan fácil como es la conciencia?

Lamentablemente y para desgracia del hombre, las ideas, creencias, constituyen los operadores y algorritmos que construyen, median, guían y mantienen la restricción identificadora de la conciencia y actúan como modelos limitadores de quienes creen ser. Como tal, el hombre debe estar abierto a la identificación con el fin de permitir el crecimiento. Las creencias son adoptadas o por ignorancia o por desiciones estratégicas y defensivas referente a quien o qué debe ser para sobrevivir y funcionar de manera óptima.

Cuando uno sabe observar, se da cuenta que solamente un ser integro como lo es el ser humano se interesa realmente en la meta máxima de la vida, a diferencia del animal. **Acotación al margen**: De las ocho millones cuatrocientas mil [8,400.000] especies de vida que existen en este plano terrenal, cuatrocientas mil [400.000] pertenecen a la especie animal hombre, sólo unas cuantas de esa especie de vida hombre, se han constituido en auténticos y verdaderos seres humanos. Porque después de todo, ¿qué significa "ser humano" en el más amplio sentido del concepto? ¿quién aparte del que no es un ser humano puede existir en este mundo y no estar interesado en la meta máxima de la vida, quién? Sólo un animal. o un hombre cuyo comportamiento es prácticamente como el de un animal o aun peor ---la inmensa mayoría de los hombres están en este nivel---, matan, roban, violan, depredan y cometen las ferocidades más espantosas y los crímenes más abominables que la misma bestia desconoce aun en sus momentos de mayor frenesí, de mayor enardecimiento. Si se supone que somos seres humanos, ¿por qué esta forma tan satánica de proceder? ¿Somos seres humanos? Por supuesto que no.

En el cuerpo material, vivo, es evidente que hay un propietario, el que lo habita, el que lo está moviendo [el *alma*]. Yo soy el propietario de mi cuerpo, y las demás entidades vivientes cada una son las propietarias de sus cuerpos. *Yo* digo: «mi mano", pero no digo "*yo* mano". Como es "mi mano", yo soy diferente de la mano. Aquí estamos mencionando al 'yo' como mero enunciado gramatical. De forma similar decimos"mi ojo", "mi cuerpo", "mi esto o aquello". Entre todos estos objetos que me pertenecen temporalmente, ¿dónde estoy *yo*? La búsqueda de la respuesta a esta pregunta está contenida dentro de la misma pregunta. Entender la pregunta misma constituye el primer paso en la comprensión de uno mismo, de la comprensión espiritual. Esta es verdadera meditación. En la verdadera meditación hacemos las preguntas: "¿Dónde estoy? ¿Qué soy? ¿Por qué se me ha puesto en este mundo de calamidades? La solución a cualquier problema, está siempre dentro del problema mismo, no fuera de el. Pero el hombre común, tiene la pervertida manera de tratar de encontrarle solución a sus problemas, buscándolos fuera de los problemas; a él lo que le preocupa es la solución y no el problema en sí.

Es materialmente imposible hallar la solución a los problemas que nos plantea la existencia con ningún esfuerzo material, y es por ello, que todas las universidades ---con excepción de unas cuantas--- y centros de enseñanza superior, están dejando estas preguntas de lado. Existen

muchas universidades alrededor del mundo, y hay muchos departamentos
de conocimiento, pero en ninguno ---salvo dos que tres--- se atienden
estos puntos de fundamental importancia para el hombre. No existe un
departamento o facultad que investigue a fondo la energía, o ese algo
que se pierde cuando un hombre muere. Ellos solamente se ocupan de la
tecnología que trata de cómo comer bien, dormir bien, defenderse bien,
aparearse bien, entretenerse bien, etcétera, etcétera. Esa tecnología es
animal.

La física moderna demuestra con hechos lo que la sabiduría viene
sosteniendo eternamente; que el hombre se comporta de acuerdo a su
condicionamiento, a su respectiva percepción con sus sentidos limitados,
así, cualquier conclusión basada en esa imperfecta percepción sensorial,
tiene que ser necesariamente imperfecta, limitada. Las conexiones
neuronales funcionales pueden ser modificadas de manera selectiva
y predecible por la estimulación ambiental, es decir, que incluso
fisiológicamente ---tejidos, órganos y aparatos del organismo— nuestra
experiencia configura nuestra percepción. Porque en nuestro estado
condicionado la percepción no nos presenta el mundo como realmente
es, se reitera constantemente este punto porque es sumamente necesario
darse cuenta de esto.

Este despertar es el objetivo de la sabiduría. Este constituye una
negación de la perspectiva de la psicología, la psiquiatría de Occidente
que hasta poco tiempo empezó a reconocer que una amplia gama de
deformaciones de percepción que las personas ignorantes no reconocen.
La sabiduría trasciende las aserciones de que todos estamos sujetos a
deformaciones ---por nuestro estado condicionado---, que afectan a
todos los aspectos de nuestra percepción, que sin el remedio de un
'entrenamiento' *mental* específico seguimos sin tener conciencia de ella y,
por ende, la realidad consensual que compartimos es totalmente ilusoria.

La realidad consensual que comparte la inmensa mayoría de la
sociedad mundial, es tremendamente preocupante. El animal no sabe que
va a morir, que existe la evolución, la Inteligencia, *el hombre si lo sabe*,
pero actúa, como si no lo supiera. Este señalamiento de la ciencia actual,
no solamente lo pasa por alto el hombre común, consideración sino
también el hombre letrado, el intelectual; pues la poderosísima energía

de Aquel que lo envuelve todo haciéndolo aparecer como algo distinto de lo que en realidad es, divide al Infinito Absoluto en centros finitos de experiencia invistiéndolos a éstos con nombres, formas y cualidades. ¿Se da cuenta el hombre común de todo esto y más, pero mucho más? ¡Por supuesto que no!

Por consiguiente, es significativo, y por cierto muy significativo observar que, desde el punto de vista de los grandes *sadhus*, sabios *védicos* y ahora reconocido por la física actual, nuestro estado habitual se adecua a todos los criterios de esta enfermedad *mental* (psicosis), en tanto que el sub-óptimo. Es más, desde la perspectiva final de la/ sabiduría universal y ciencia actual, se define la psicosis como el estar atrapado en, o atado a, cualquier estado de conciencia, ya que cada uno de ellos, por sí solo, es necesariamente limitado y sólo relativamente real, aparente, ilusorio.

Presentar esto como un concepto objetivo interesante es una cosa que no es una realidad factual, porque las palabras no son los hechos. Considerarlo como algo completamente aplicable a nuestra experiencia es, por cierto, considerablemente más difícil pero, descondicionar la conciencia condicionada y condicionadora es totalmente otra cosa muy diferente; porque entonces, el experimentador es lo experimentado, el controlador es lo controlado, el pensador es el pensamiento; adviene lo atemporal, porque termina el tiempo psicológico, la experiencia, y comienza el espacio cuando el tiempo se detiene. Este es una de las cosas más *misteriosas* que la inmensa mayoría de las personas no comprenden porque están viviendo dentro del campo del tiempo, en el pasado, del pensamiento que es memoria, en los recuerdos muertos del ayer; porque no viven la vida; la vida es el instante, está en el presente activo, y el presente no tiene tiempo, el tiempo es división: presente, pasado y futuro, pero la eternidad no tiene futuro, la eternidad no está en el tiempo. El presente es absoluto, dentro del presente drama de la vida y de la muerte se está representando. El presente es eterno. Pero este instante eterno no es el presente que incluye pasado y futuro que puede volvernos conscientes de que el futuro es ahora. Este 'presente' puede no existir más que en la memoria la cual es sólo pasado. Hay diferencia entre lo eterno y no darse cuenta de la experiencia. Lo eterno es atemporal ---no tiene tiempo, en este mismo instante [ya].

Actualmente la ciencia moderna ha reconocido algunos aspectos de **māyā**, la ilusión, ha estado investigando con mucho escrutinio riguroso, encontrando que: casi no hay psicólogos que se apliquen a sí mismos ésta idea. Suponen (…) que sus propios estados y actitud de conciencia son básicamente lógicos y claros. En la actualidad, la psicología occidental se ve enfrentada a la necesidad de reconocer estas pruebas contundentes y detalladas de que nuestro estado 'normal' es un estado de ilusión.

Por cierto, que es muy difícil reconocer las limitaciones del estado habitual de conciencia que es el único que ha conocido sobre todo el hombre de Occidente. Sin embargo, Los **Vedas** y los grandes trascendentalistas ortodoxos confirman desde tiempo inmemorial que: cualquier que esté dispuesto a emprender el *entrenamiento*, es decir, a investigar por propia cuenta y riesgo, arduo y agotador pero necesario, de desenmarañar su conciencia de la tiranía condicionada de la *mente*, podrá darse cuenta al ver las limitaciones, antes no reconocidas, dentro de las cuales vivía. Una analogía burda pero que nos puede dar una idea, es la vida de quienes viven en un medio crónicamente contaminado, y que solamente cuando salen de él se dan cuenta cabal de la magnitud de la contaminación.

Obviamente que el conocimiento de la multiplicidad de los estados de conciencia, no basta, como tampoco de quienes dicen reconocer su existencia sin la *practica*. Ellos no saben que la conciencia normal de vigilia, está separada, de todo lo que le rodea por la más tenue de las pantallas, más allá de las cuales hay estados potenciales de conciencia enteramente diferentes que ni siquiera sospechan de su existencia, porque no las han vivenciado. Ellos no pueden vivir la *experiencia* mística. No puede ser completa ninguna visión tanto de uno mismo como de el Universo en su totalidad que deje de considerar vaciar la conciencia condicionada. La cuestión de la cual ellos se preguntan: 'cómo'. En todo caso les prohíben cerrar prematuramente sus puertas de la realidad.

Ahora ya la ciencia [*Holokinética*] moderna demuestra lo que viene señalando la sabiduría universal, que nuestra percepción usual es limitada, y que se halla deformada en una medida mal reconocida debido a la ignorancia por nuestro estado condicionado. Todo esto no sindica que nuestras limitaciones perceptivas habituales tienden a producir, allí donde miremos, deformaciones constantes y que sin embargo pasan inadvertidas. Entre ellas se encuentran tendencias a solidificar, a dicotomizar, separar, supersimplificar, concretar y subapreciar la extensión de características como el fluir cotidiano, la impermanencia, la interconexión y la consistencia holística del Universo. Tanto la física actual y al presente las neurociencias, empiezan a reconocer lo que Los *Vedas* señalan acerca de estas deformaciones que nuestro cuadro habitual del Universo, es decir, de la realidad, es fundamentalmente erróneo o ilusorio. La palabra 'ilusorio' se ha entendido con frecuencia equivocadamente, como si quisiera decir que el mundo no existe verdaderamente. Más bien, significa, simplemente, que la percepción que tenemos de él, a través de nuestros sentidos condicionados está coloreada y deformada en una medida que el inmenso conglomerado de la gente no reconoce.

La **realidad**, en definitiva no se puede comprender por medio de conceptos o ideas. La naturaleza esencial de la **realidad** es el vació, está muy lejos de ser la afirmación nihilista por la que siempre se toma: que es la negación de todo principio, religioso, político y social. Significa meramente que todos los conceptos sobre la **realidad** formados por la *mente humana* están en definitiva vacíos. Cuando se reconoce la inutilidad de todo pensamiento conceptual, la realidad se vivencia, pura, en su esencia (en su simplicidad). Por eso la sabiduría le dio el nombre de *sunjata*, "el vació" o 'vacuidad'. La **realidad** o vacuidad misma no es un estado de pura nada (ausencia de todo) sino que es la fuente de toda vida y esencia de todas las formas.

En la ciencia moderna, la física actual, el Universo se experimenta como un conjunto dinámico e inseparable que siempre incluye el observador de una manera esencial. Es esta experiencia. Los conceptos tradicionales de espacio y tiempo de objetos asilados (sujeto y objeto no están separados), y de causa y efecto, pierden sus significado. Tal experiencia, no obstante, es mucho muy similar a lo que dicen Los *Vedas* y los místicos orientales. La similitud se hace aparente en la física cuántica y en la física de la relatividad, y se acentúa aún más en los modelos "cuánticos relativistas" de la física subatómica, ternarias ciencias se combinan para producir el más asombroso paralelismo con el misticismo de la sabiduría oriental, que al ser desmenuzados detalladamente, aparece lo que se le denomina la "Ciencia holokinetica"; La Percepción Holística Integrativa de la Percatación de la Realidad.

Todavía existes algunos científicos que se salen de la norma de la convención de la física materialista. En el mundo científico hay gente atrapada en el materialismo, y lo que sostiene es que: "Si no podemos percibir con los sentidos y si no podemos ver, oír, oler, tocar o probar algo, entonces no existe. Y lo que sentencian Los **Vedas** y descubre la física moderna, es que la **realidad** va más allá de lo que nuestros sentidos son capaces de percibir debido a nuestro estado condicionado.

*Māyā*, por lo tanto, no quiere decir que el mundo no exista. La ilusión radica meramente en nuestro punto de vista, si nosotros creemos que los perfiles y estructuras, las cosas y los sucesos que nos rodean son realidades de la naturaleza, en lugar de darnos cuenta de que son conceptos de nuestras *mentes* medidoras y categorizantes. *Māyā* es la ilusión de tomar esos conceptos por realidad, de confundir el mapa con el territorio. Esto significa que mientras la *mente* esté midiendo, optando, comparando, condenando, rechazando, aceptando, juzgando, negando, identificando, aprobando, etcétera, todo lo que mida será necesariamente ilusorio.

Todas las fuerzas tienen lugar en el tiempo por el entretejido de los constituyentes de la naturaleza material [bondad, pasión e ignorancia], pero el hombre perdido en egoísta ilusión cree en él mismo es el lector y el disfrutador. Pero el hombre que conoce la relación entre las modalidades o cualidades de la Naturaleza material y sus actos, ve como algunas fuerzas de la Naturaleza actúan e influyen sobre otras fuerzas de la Naturaleza, y no se convierte en su esclavo.

El hombre que está confundido por la influencia del ego falso —el 99.99% de la *humanidad* lo está— se cree autor de las actividades que en realidad son ejecutadas por los constituyentes de la Naturaleza material. La persona con conciencia material está convencida por el ego falso, de que ella es la autora de todo. Ella no sabe que el mecanismo del cuerpo lo produce la Naturaleza material, la cual trabaja bajo la supervisión de la Inteligencia Suprema: creadora, sustentadora y aniquiladora de la Manifestación Cósmica. La persona materialista, común, no sabe en absoluto que, en fin de cuentas, se halla bajo el control de la propia Naturaleza material. La persona con ego falso se jacta de hacer todo independientemente y se atribuye todo el mérito de ello; **ése es el signo de su nescencia.**

*Māyā* es una ilusión, el mismo término 'ilusión' significa que no es verdadero. Ser libre del encanto de *māyā*, romper los vínculos del **karma** significa darse cuenta de que todos los fenómenos que percibimos con nuestros sentidos limitados e inperfectos, son parte de la misma realidad ilusoria o ilusoria realidad. Significa vivenciar, que todo, absolutamente todo, incluyendo nuestro propio 'yo', es ilusorio.

La función específica del ser humano en su conglomerado social, sea cual sea su posición social, es practicar el control de la *mente* y los sentidos siguiendo los principios regulativos establecidos por las mismas leyes de la Naturaleza material, pues en el cuerpo material de forma humana, la entidad viviente, tiene la misión de alcanzar la perfección más elevada. Ese es el verdadero objetivo; pero impulsado por la energía ilusoria, comete el error de identificarse con su cuerpo material, temporal y causal y con la misma Naturaleza material, sintiéndose un producto de ella; y por esa razón, bajo la influencia de *māyā*, quiere ser feliz con el disfrute material. La felicidad material la desorienta y siempre la atrae. En verdad, el cuerpo humano supone una gran ayuda para la *jiva* para alcanzar la cumbre más elevada de la perfección espiritual.

Dentro del proceso de evolución, desde el grado de vida más bajo hasta el más elevado, la forma humana de vida es un don muy valioso que el hombre no alcanza a comprender. *Māyā* es tan poderosa que, a pesar de haber alcanzado ese valioso don, nos vemos influenciados por la mal llamada felicidad que es temporal, que no es otra cosa que gratificación de los sentidos, complacencia sensorial y olvidamos el objetivo de la vida. Sentimos atracción por cosas efímeras que dejan de existir y el principio de atracción es el cuerpo que también es temporal, efímero. En esa horrible condición de vida, no hay manera de liberarse del cautiverio material.

***Bhaktivedanta Swami Srila Prabhupada***, uno de los más grandes sabios de la India y distinguido embajador cultural en el mundo occidental, publicó un ensayo que contiene en forma por demás dramática el principio que subyace en la última trampa de ***māyā***, constituido por la hembra. Él explica que la verdad y la belleza son términos compatibles, aunque para el hombre occidental, el hombre mundano, acostumbrado a amar la falsedad, la cual parece verdad debido únicamente a la energía ilusoria de ***Krishna*** que lo protege engañando a las entidades vivientes, confundiéndolas por la belleza y la atracción externa de la verdad relativa, e ignorando su verdadera naturaleza espiritual, que es simultáneamente verdad y belleza. Explicando la verdad y la belleza de la siguiente manera:

Existió una vez un hombre muy poderoso y rico, que gozaba de muy mala reputación. Éste hombre se enamoró de una hermosísima mujer. Ella no solamente era de apariencia hermosa, sino que también era una mujer muy casta. Esta cualidad no le permitía aceptar las insinuaciones de él. Sin embargo, el hombre la acosó tanto debido a sus deseos lujuriosos, que la joven y bella mujer accedió a establecer un vínculo de acuerdo a los principios religiosos que profesaba; solicitándole ella como condición para su enlace con él, diez días, fijando el momento y lugar en que podían encontrarse. Él accedió y se dedicó a esperar con gran ansiedad y expectativa el momento señalado por ella.

Sin embargo, la casta doncella con el fin de enseñarle la verdadera belleza de la verdad absoluta al insensato pretendiente, adoptó inteligentemente un método una vez que llegó a su casa. Tomó grandes dosis de purgantes y laxantes, y durante diez días defecó y vomitó continuamente todo lo que comía. Guardando todo el excremento líquido y el vómito en recipientes. Debido a los purgantes, la supuestamente hermosa mujer, enflaqueció y se puso tan delgada y trasijada que quedó prácticamente como un esqueleto, enengreciéndose su piel, sus antes ojos hermosos se le hundieron en las cuencas del cráneo. De este modo, acudió a la hora y fecha señalada donde esperaba ansiosamente el ávido galán elegantemente vestido, advirtiéndole a la fea muchacha que él estaba esperando a una hermosa mujer con quien se iba a desposar.

Obviamente él no pudo reconocer que esa joven era la misma belleza que buscaba, y aunque ella trató de confirmar su identidad repetidamente, él no pudo reconocerla debido a su condición tan lastimosa. Tanto insistió la otrora bella mujer, que él le pidió una prueba, por lo que la muchacha le dijo que: él estaba enamorado de su belleza por lo que la había guardado en unos recipientes adecuados para la belleza, diciéndole que él podía disfrutar de esos jugos de la belleza. Por lo que el galán mundano pidió ansiosamente ver esos jugos de la belleza, llevándolo ella al lugar en que se encontraban las heces y el vómito líquidos, los cuales se encontraban dentro de una habitación despidiendo un olor nauseabundo, intolerable. Indicándole ella que de esa ---belleza—eses estaba enamorado.

Por último y por la gracia de la virtuosa mujer, este hombre de mala reputación descubrió que la belleza de la mujer, esta formada de todo tipo de impurezas: carne, huesos, sangre, excremento, moco, pus, vómito, orines, vísceras, tuétano, etc., por lo que no es real, por lo que pudo distinguir entre la sombra y la verdad. *Srila Prabhupada* nos enseña que la posición de este hombre es muy similar a la de todos los hombres que están atraídos a la ilusión de la belleza material. La belleza de la piel externa puede destruirse en unas cuantas horas con una simple dosis de un fuerte purgante, pero la belleza de la verdad es indestructible, eterna y siempre la misma. Los materialistas, intelectuales, y los estéticos mundanos son engañados por la belleza y atracción externa de la realidad relativa, *māyā*, e ignoran la presencia de la energía espiritual. Estos materialistas no saben que la Entidad Espiritual Total es la hermosa persona que lo atrae todo. Ellos ignoran que Él es la sustancia primordial y el manantial de todo lo que existe. Las partículas espirituales infinitesimales, por ser parte o porciones de la Sustancia Total, son cualitativamente iguales a la Sustancia Total *Sri krishna*, en belleza y eternidad. La única diferencia es que el Todo es eternamente el Todo, y las partes son eternamente las partes. Sin embargo, ambos constituyen la máxima verdad, la máxima belleza, el máximo conocimiento, la máxima energía, la máxima opulencia y la máxima renunciación. La verdadera ---Los *Vedas*--- literatura es aquella que describe la verdad y la belleza máxima.

La literatura que está colmada descripciones acerca de las glorias trascendentales del nombre, la forma, la fama, los atributos, las cualidades, los pasatiempos del ilimitado Señor Supremo, constituyen una creación diferente llena de palabras trascendentales destinadas a ocasionar una revolución, un cambio, en la vida impía de la errada civilización de este planeta. Tales obras literarias trascendentales, las oyen, las cantan y las aceptan los hombres purificados que son completamente honestos.[†]

La cumbre más elevada de la perfección espiritual lo constituye el conocimiento acerca de la Suprema Verdad Absoluta. Cuando uno llega a conocer en verdad las opulencias del Supremo, no queda otro recurso nada más que de entregarse a Él. Por lo general la gente sabe que *Dios* es grande, pero no sabe en detalle de qué modo *Dios* es grande. La gente está pensando en términos de grandeza relativa, grandeza relativa a la nuestra. La relatividad está basada en nuestra situación individual. Pensamos "*Dios* es grande" pero estamos pensando en *Dios* en términos de grandeza relativa. Si verdaderamente tenemos discernimiento sabremos cuan tan grande es **Sri Krishna**, la Suprema y Trascendental Personalidad de Dios, entonces en forma natural se vuelve una alma entregada. A menos que uno esté descondicionado podrá comprender ---que la palabra dios no es Dios--- las innumerables opulencias del Absoluto.[‡]

¿Por qué busca el hombre la belleza y seguridad en la realidad que es ilusoria? ¿Por qué vive en el temor de la inseguridad, buscando la seguridad en el mundo de la ilusión? ¿Por qué, cómo es que sucede? Es evidente que sucede, pero ¿por qué? **¡Porque no comprendemos qué es la realidad, ni el significado del término 'realidad'!**

En la vida ordinaria no somos conscientes de la unidad de todas las cosas, sino que nos sentimos separados de los demás, dividimos al mundo en sujeto y objeto, sucesos separados. Esta división es, desde luego, útil y necesaria dentro de la tecnología, la técnica…, para afrontar el medio que nos rodea todos los días, pero no es un rasgo fundamental de la **realidad**. Es una abstracción ideada por nuestro intelecto discriminador y categorizante. Creer que nuestros conceptos abstractos de 'cosas' y

---

[†]   *Srila Rupa Gosvami*
[‡]   *Srila Prabhupada*

'acontecimientos' son realidades de la Naturaleza es una ilusión, ilusión basada en **avidya** o ignorancia, producida por una *mente* bajo el encanto de *māyā*.

Todo eso es el mundo de la realidad, siendo la realidad, todas las cosas que ha producido el pensamiento —las cosas con las que vivimos, tanto en lo psicológico como en lo intelectual---, como dijimos. Realidad, la raíz etimológica de esa palabra es cosa o cosas; y viviendo en el mundo de las cosas, que es la realidad, nosotros queremos establecer una relación con un mundo en el que no hay cosas —lo cual es imposible. **Realidad** significa "lo que es"... ¿se enfrenta el hombre en sí mismo a lo que **realmente** ocurre?

En cierta ocasión **Devi Parvati** cuenta a **Shiva** cómo sufren los hombres, le pregunta por el medio por el que puedan liberarse. **Ishvara Shiva** [una encarnación cualitativa de **Krishna**, que se encarga de la modalidad de la ignorancia y de la destrucción del Universo material] le responde hablando de **Brahman** y de las criaturas que, rodeadas por *māyā,* la ilusión, el mundo de las apariencias, son como chispas de su fuego. El hombre es un autoexterminador que no busca su bien auténtico a pesar de haber logrado el estado 'humano'. No hay diferencia alguna entre el '*humano*' que se cree humano y un mosquito.

"El que no se cura de la enfermedad del *infierno*, ¿qué hará cuando, aún enfermo, vaya a un lugar donde no existe la medicina?". El Señor **Shiva** pasa a hablar de lo transitorio de la vida y todo lo que ésta incluye. "La prosperidad es como un sueño, la juventud es como una flor. La vida se ve y después se va como un rayo. ¿Cómo puede estar contento quien sabe esto?"

Es más, el mundo está lleno de maldad que surge del apego. **Shiva** dice: "Oh, querida, dormir, copular, comer, temer y divertirse, además de otras funciones similares son comunes a todos los animales. Sólo el hombre puede poseer *conocimiento*. Quien carece de él es una bestia". Apártate de quien está apegado a los placeres del mundo y aún así proclama el *conocimiento* de **Brahman**. También hay otros impostores. La liberación no se consigue untándose con cenizas, alimentándose de cortezas y agua, exponiéndote al calor y al frío y haciendo cosas por el estilo. "Los burros y otros animales van completamente desnudos. ¿Acaso son **yoguis** por ello? No; por lo tanto, obtén el verdadero conocimiento que es inelectivo y evita las charlas innecesarias. ¿De qué sirven Los **Vedas**, **Agamas** y **Puranas**, si no se conoce el objeto supremo de la vida?". "Hombres famosos discuten entre sí. Algunos dicen que la verdad está enfrente y otros que está detrás, y aún hay quienes dicen que está a los lados. Algunos dicen que es así, algunos dicen que del otro modo". Todos ellos se confunden a sí mismos con vana palabrería. Carecen de realización. Los **Sastras** [escrituras] son innumerables: se debe dominar su verdad esencial y entonces dejarlos de lado, al igual que se separa la corteza y la paja del grano. Sólo el verdadero *cononocimiento* libera. El ritual y la austeridad son necesarios mientras no se conoce lo real y lo verdadero. **Shiva** concluye: "¿de qué sirven muchas palabras? Lo que libera es el camino **kaula** y lo que te pierde es el camino **kaula**, mientras no tengas un **gurú** que te ayude para liberarte del orgullo y el apego. Querida, te he hablado brevemente de la criatura y de cómo debes vivir".

**No importa lo que hagas, lo que digas, lo que comas, lo que vistas,… mientras sigas enamorado del ego, el apego y la ignorancia estarás perdido. Mientras sigas enamorado de *Māyā*, del mundo de las apariencias, no tendrás derecho ni a quejarte ni a recibir compasión ni misericordia, sufrirás porque en el mundo de *Māyā* todos tenemos lo que merecemos, tanto lo bueno como lo malo. Quejarte, justificarte, querer tener siempre razón o echar a los demás las culpas de tus malas acciones es tan bajo que ni las bestias lo hacen… sólo aquel que orgullosamente se cree humano. ¡Lástima te tengo si lo haces!**

Hoy, la mayoría de las personas, creen formar parte de una especie capaz de ser dueñas de su destino. Y esto es una cuestión de fe ---dicen---, no de ciencia. Nunca hablamos del día en el que las ballenas o los gorilas, los perros… se convertirán en amos y señores de sus destinos. ¿Por qué, entonces, los *seres humanos* sí? Pero las especies no pueden controlar sus destinos. Las especies no existen. Pero los *humanos* hablan del progreso de la humanidad, poniendo su fe en una abstracción que nadie tomaría en serio de no ser porque es herencia de antiguas esperanzas de creencias organizadas. Los denominados "seres *humanos*" no pueden ser más dueños de su destino que cualquier otro animal." En primer lugar habría que especificar que es el destino, cada persona supone cosas diferentes. Si no sabe lo que es, jamás podrá controlarlo. El destino no existe como proceso de tiempo, el destino si se entiende como futuro tampoco podemos controlarlo porque el futuro no existe, nunca ha llegado, porque cuando 'llega', *llega* convertido en presente y en el mismo instante se convierte en pasado, inexistente. El instante no tiene tiempo porque es atemporal por eso es eterno. La eternidad no está en el campo del pensamiento que es tiempo porque no tiene pasado, presente y futuro.

**Om tat sat**

# DISCERNIMIENTO

El hombre está persuadido, convencido de que vivir experiencias en vivir realmente. De hecho lo que se vive no es la realidad, sino el símbolo, el concepto, el ideal, la palabra. Vivimos de palabras. Si la pretensión de alimentarnos de conceptos; como si, teniendo hambre pudiéramos alimentarnos con la palabra 'comida'. Vivimos de palabras y no de hechos. En todos los fenómenos de la vida, ya se trate de nuestros negocios, o de nuestros ocios, nos estimulamos por medio de las palabras. Las palabras se organizan en ideas; en pensamientos, y sobre la base de esos estímulos, creemos vivir tanto más intensamente cuando mejor hayamos sabido gracias a ellas, crear distancias entre la realidad [nosotros tal como somos] y un ideal (la proyección de lo contrario de lo que somos). La conciencia proyecta lo contrario de lo que ella es, por que está persuadida de que ese contrario exaltado y dichoso, es una realidad consoladora. De tal suerte que la fe en cualquier creencia organizada [religión] construye o proyecta visiones propias de su condicionamiento, que sin saberlo, las confunde con realidad. Se instalan en calidad de memoria que dice: Yo sé, puesto que he tenido una experiencia. Entonces las palabras y el condicionamiento se vitalizan mutuamente en el círculo vicioso de un circuito cerrado.

# GLOSARIO

*Ajñana*---conocimiento erroneo con respecto a la realidad factual.

*Avarana-shakti*---Obnubilación, disfrazar la verdad.

*Avidya*---ignorancia, nesciencia.

*Bhagavad-gita*---literalmente la canción del Señor.

*Brahman*---[1] el *alma* espiritual infinitesimal; [2] el aspecto impersonal y omnipresente de *Krishna*; [3] la Suprema Personalidad de *Dios*; [4] la sustancia material total.

*Brahmajyoti*--- [*Brahma*-espiritual; *jyoti*-luz] la refulgencia impersonal omnipenetrante que emana del cuerpo de *Sri Krishna*.

*Brahmana*--- la clase de hombres inteligentes, de acuerdo con las órdenes sociales y espirituales.

*Caitanya Mahaprabhu*--- *Krishna* Mismo, quien apareció en el siglo XV en *Navadvipa, Bengala.* El fue el inaugurador del canto en congregación del *maha mantra Hare Krishna*, y Su vida fue el ejemplo más perfecto en la práctica de las enseñanzas de El *Bhagavad-gita*.

*Desha*--- espacio.

*Gito-Upanishad*--- uno de los 108 *Upanishads* conocido también como El *Bhagavad-gita*

*Ishuara*--- el controlador Supremo.

*Jivatma*--- el *alma* o la entidad viviente infinitesimal.

*Kali-yuga*--- la edad de riña e hipocresía, la última del ciclo de cuatro edades del Universo. Es la edad en la cual estamos viviendo ahora; tiene una duración de 432.000, de los cuales han transcurrido poco más de 5,100 años. Significa Era oscura.

*Kala*--- el tiempo eterno, una expansión de **Krishna.**

*Kalpa*--- ciclo cósmico, ---ciclo de existencia del Universo que comprende su evolución e involución. Duración de un día de **Brahma** el cual tiene una duración de 8,640.000 millones de años solares y él vive cien de esos años

*Karma*--- Ley cósmica que como consecuencia de las obras, acciones, palabras, pensamientos, que componen la vida de cada ser, va acumulando residuos favorables o desfavorables que rigen su propio *samsara* [rueda de nacimientos y muertes], su *transmigración*; o sea, que las futuras reencarnaciones que cada ser llevan una concordancia con su comportamiento de vidas anteriores. Ley de causa y efecto.

*Karma-kanda*--- la división de Los **Vedas** que trata acerca de las actividades fruitivas que se ejecutan para la purificación gradual de la persona muy materialista.

*Krishna*--- *Kris*= máximo; *na*= inteligencia, poder, belleza, riqueza, conocimiento, bienaventuranza, renunciación, etcétera. Todas las opulencias en pleno. [**bhagavan bhaga**=opulencia; *van*= poseedor]. Un epíteto de la Suprema Persona que denota su cualidad de supremamente atractivo.

*Lila*--- pasatiempo trascendental de **Sri Krishna.**

*Māyā*--- ilusión cósmica, lo que nace y muere, lo cambiante y fenoménico. Todo lo que está ligado a tiempo, espacio y causalidad, todo lo que tiene nombre y forma. **Māyā** es lo que en la filosofía **Samkhya** pertenece a la **Prakrti**, la Naturaleza material, la cual es materia y energía que componen el cuerpo físico de los seres y las cosas.

***Moksha***--- liberación de la existencia condicionada. Percepción de la propia inmortalidad y el conocimiento de **Brahman.**

***Pradhana***--- las modalidades de la Naturaleza material en su etapa no manifestada.

***Sadhu***--- un santo-devoto-sabio.

***Samadhi***--- trance, absorción en el estado de conciencia de **Krishna.** Estado trascendental, Supraconciencia.

***Shakti***--- la madre divina o energía femenina cósmica universal.

***Samskara***--- eje del circuito trasmigratorio de la entidad viviente infinitesimal.

***Samsara***--- impresiones dejadas en la mente, fuerzas psicológicas.

***Sánscrito***--- antiquísimo e insondable idioma más antiguo que el mismo hombre en el que están expuestos Los **Vedas.**

***Sunjata***--- Vacío, vacuidad, nada

***Upanishads***--- [108] Disertaciones filosóficas muy profundas. Evangelios metafísicos conocidos como el quinto **Veda**, cuyo objetivo es acercar al alumno a la comprensión de la naturaleza personal de la Verdad Absoluta.

***Veda***--- en su más pura acepción etimológica significa: 'sabiduría'.

***Yndriyas***--- herramientas sutiles de la *mente.*

# SUBTITULOS PARA SELECCIONAR

El fulgor tan atrayente de la Naturaleza material en el
que está atrapado el autorrotulado "ser humano"

Todo lo que el pensamiento ha hecho real no es la verdad.
La nada no es una realidad pero es la verdad. La verdad está
en la nada que está fuera del campo de la realidad.

Es el principio básico de la existencia material, pues
depende condicionalmente de los constituyentes
cualitativos de la Naturaleza material.

Es el mundo en el que el hombre encuentra un buen lugar para estar
debido a sus maquinaciones mentales que sus pensamientos crean para él.

El *concepto* íntimo de los eruditos de lo desconocido.

La fuente de toda emanación no puede carecer de
los elementos que está emanando. La causa no puede
carecer de los elementos que existen en su efecto.

Printed in the United States
By Bookmasters